すぐに使えてアレンジもできる!

結婚披露宴の基本スピーチ実例集108

土屋書店

はじめに

スピーチとは、本来、話し手がそのときの状況や聞く人のことなどを考えて、自分が話したいと思う内容や話さなければならない事柄を、自分のことばで話すものです。他人の書いたものを丸暗記しても、心を打つスピーチにはなりません。この本におさめられている例文の、必要だと思われる部分を自分自身でアレンジすることで、簡単に、上手に話ができるようになると思います。スピーチが上手になると、あなたの人柄もあがるでしょう。

おめでたい席で、印象に残るスピーチを……と願っています。

本書の使い方

この本では、結婚披露宴での、「媒酌人」「主賓・来賓」「上司・先輩」「同僚・友人」「両親・親族」「司会者」といったさまざまな立場別でのスピーチを紹介しています。各スピーチ例文には、スピーチの構成、話すときの注意点、基本的なマナーなどを盛り込み、スピーチをするときの立場や相手がかわっても、応用しやすいようになっています。

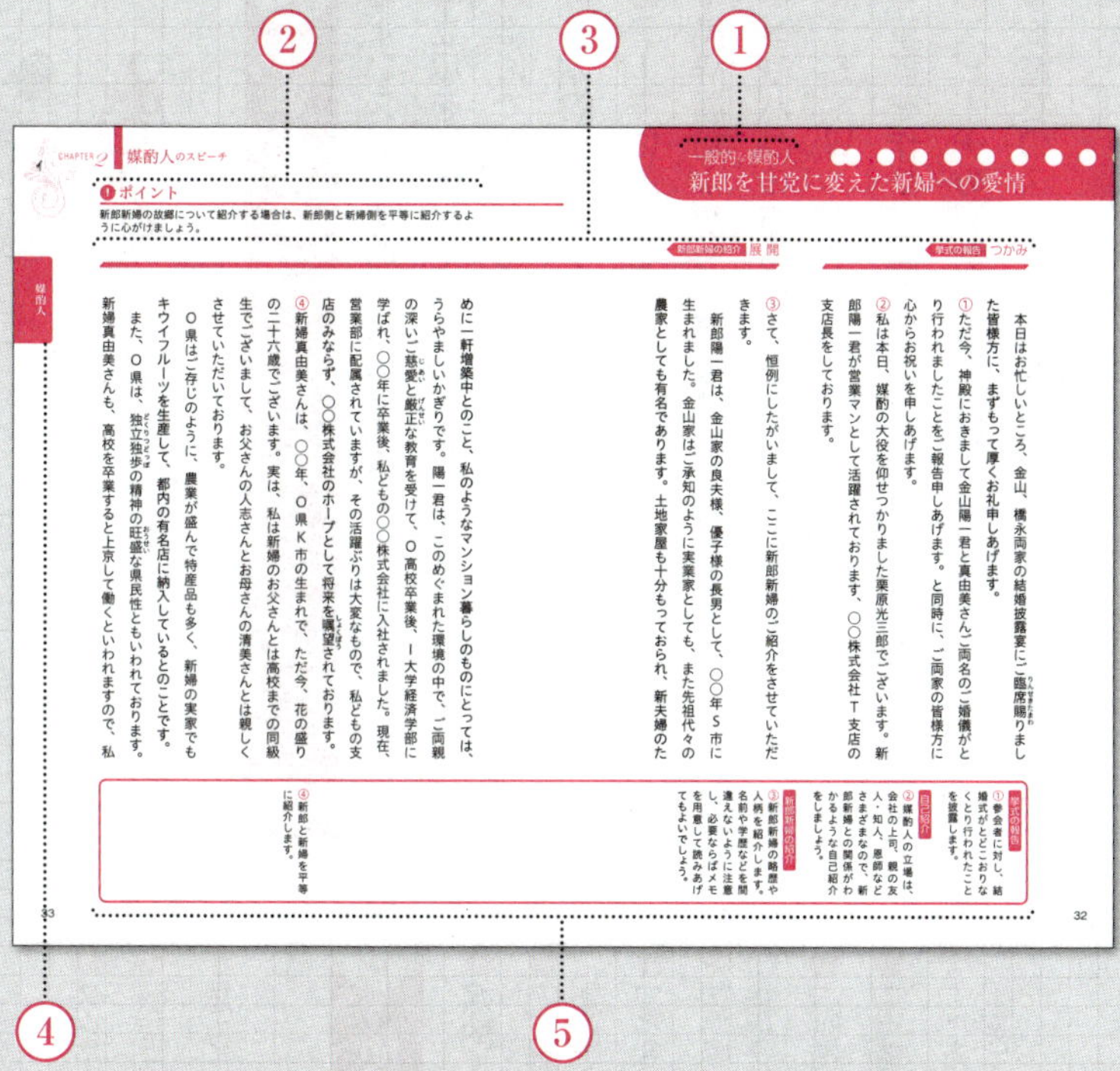

CHAPTER 2 媒酌人のスピーチ

一般的な媒酌人

新郎を甘党に変えた新婦への愛情

❶ポイント

新郎新婦の故郷について紹介する場合は、新郎側と新婦側を平等に紹介するように心がけましょう。

挙式の報告　つかみ

本日はお忙しいところ、金山、橋永両家の結婚披露宴にご臨席賜《りんせきたまわ》りました皆様方に、まずもって厚くお礼申しあげます。

①ただ今、神殿におきまして金山陽一君と真由美さんご両名のご婚儀がとり行われましたことをご報告申しあげます。と同時に、ご両家の皆様方に心からお祝いを申しあげます。

②私は本日、媒酌の大役を仰せつかりました栗原光三郎でございます。新郎陽一君が営業マンとして活躍されております、○○株式会社T支店の支店長をしております。

新郎新婦の紹介　展開

③さて、恒例にしたがいまして、ここに新郎新婦のご紹介をさせていただきます。

新郎陽一君は、金山家の良夫様、優子様の長男として、○○年S市に生まれました。金山家はご承知のように実業家としても、また先祖代々の農家としても有名であります。土地家屋も十分もっておられ、新夫婦のために一軒増築中とのこと、私のようなマンション暮らしのものにとっては、うらやましいかぎりです。陽一君は、このめぐまれた環境の中で、ご両親の深いご慈愛《じあい》と厳正《げんせい》な教育を受けて、O高校卒業後、I大学経済学部に学ばれ、○○年に卒業後、私どもの○○株式会社に入社されました。現在、営業部に配属されていますが、その活躍ぶりは大変なもので、私どもの支店のみならず、○○株式会社のホープとして将来を嘱望《しょくぼう》されております。

④新婦真由美さんは、○○年、O県K市の生まれで、ただ今、花の盛りの二十六歳でございます。実は、私は新婦のお父さんとは高校までの同級生でございまして、お父さんの人志さんとお母さんの清美さんとは親しくさせていただいております。

O県はご存じのように、農業が盛んで特産品も多く、新婦の実家でもキウイフルーツを生産して、都内の有名店に納入しているとのことです。

また、O県は、独立独歩《どくりつどっぽ》の精神の旺盛《おうせい》な県民性ともいわれております。

新婦真由美さんも、高校を卒業すると上京して働くといわれますので、私

挙式の報告

①参会者に対し、結婚式がとどこおりなくとり行われたことを披露します。

自己紹介

②媒酌人の立場は、会社の上司、親の友人・知人、恩師などさまざまなので、新郎新婦との関係がわかるような自己紹介をしましょう。

新郎新婦の紹介

③新郎新婦の略歴や人柄を紹介します。名前や学歴などを間違えないように注意し、必要ならばメモを用意して読みあげてもよいでしょう。

④新郎と新婦を平等に紹介します。

媒酌人

32　33

① スピーチを行う立場

どのような立場、シチュエーションで行うのに適したスピーチなのかをあらわしています。

② ポイント

スピーチをするときの内容や話し方の注意点などを紹介します。

③ つかみ・展開・結び

スピーチ例文の構成と、それぞれの中心となる内容の紹介です。「つかみ（起）」「展開（承・転）」「結び（結）」で構成しています。

④ インデックス

スピーチを行う立場別にインデックスを設けています。

⑤ 解説

スピーチを構成する要素ごとに、内容の注意点や基本的なマナーなどを紹介します。

もくじ

CHAPTER 1

魅力あるスピーチをするために 11

CHAPTER 2

媒酌人のスピーチ 29

CHAPTER 4

上司・先輩のスピーチ 217

CHAPTER 5

同僚・友人のスピーチ

CHAPTER 6 両親・親族のスピーチ 309

CHAPTER 1

魅力あるスピーチをするために

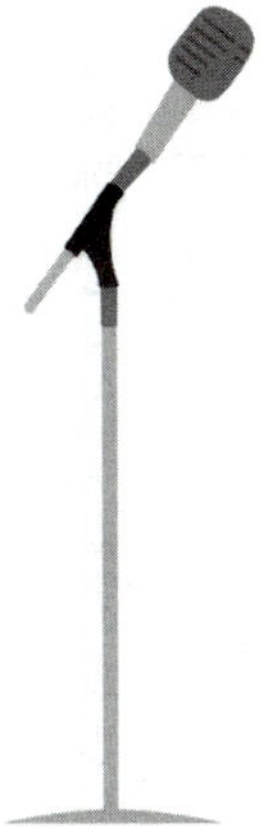

よいスピーチのための七つのポイント

結婚は人生の大きな節目であり、もっとも慶賀《けいが》すべきお祝いごとといえます。そして結婚披露宴の場で欠かすことができないのがスピーチです。

たとえ雄弁でなくても、ほんとうにまごころのこもったことばであるなら、それは必ず相手の胸を打つものです。結婚する二人を祝福するときには、「おめでたい」「喜ばしい」「いつまでもお幸せに」という気持ちをこめることが大切です。

スピーチをするときには、次の七つのポイントに注意しましょう。

①短く、簡潔に（媒酌人は五～七分、そのほかは三分以内に）
②来賓、上司、同僚などは、前の人が述べた内容とは違うことを話す
③ユーモアをまじえて、場をくつろがせるように
④上品にわかりやすく
⑤新郎新婦の人柄を傷つけない
⑥土地のしきたりに気を配る
⑦忌みことば（P28参照）を避ける

立場を理解したスピーチを

スピーチをするときには、その会の性質や参加者の性質に適した内容にし、会の雰囲気を自然と盛りあげるものでなければなりません。

そのためには、スピーチを頼まれた理由や立場をよく理解することが大切です。

ひと口に披露宴のスピーチといっても、媒酌人、主賓、上司、友人、親族、両家代表など、その立場はさまざまです。新郎新婦がどんな話を期待して自分にスピーチを依頼したのかを、よく考えて内容を決めましょう。自分のほかにどんな人がスピーチをするのかを確認し、内容が重複しないようにすることも必要です。

媒酌人のあいさつや両家代表の謝辞などには、ある程度パターンがありますが、上司や同僚、友人などの祝辞の場合は決まった形式はありません。儀礼的な型にはまったスピーチよりも、その人のもち味がにじみ出るような話し方のほうが、強くてよい印象を与えるものです。

誰にでもわかるように話す

ときおり、スピーチとは一方的に話すことであり、対話とは関係がないと思いこんでいる人がありますが、それは大きな間違いです。スピーチは聞き手が黙っているだけで、基本的には対話です。

聞き手の中には老若男女、いろいろな人がおり、職業や考え方も千差万別です。聞き手を尊重し、どんなことに関心があるのかを推察しながら、すべての人にわかる話を心がけなければなりません。

スピーチの際にむずかしい言い回しを多用したり、外国語や略語、専門用語などを使ったりすることはできるだけ避けましょう。また、正確な発音で、聞き手にきちんと伝わるように配慮することも大切です。

聞き手は、スピーチに対して返事こそしませんが、うなずいたり、笑ったり、拍手をしたりと、いろいろな方法で反応を返してくれます。結婚披露宴というフォーマルな席ですから、もちろんそれに見合った格調の高さは必要ですが、基本的には誰にでもわかるやわらかい口調のスピーチを心がけましょう。

具体的なエピソードを入れる

新郎新婦にまつわるエピソードを披露して、その横顔を紹介することも、スピーチを依頼された人の大切な役割となります。

会社の経営者や上司、同僚の場合、祝辞を述べているのか、会社の宣伝をしているのかわからない人もいます。また、新郎新婦の人柄を紹介する場合、「新婦は気立ての優しい女性で」とか「新郎は頼りがいのある性格で」などと、抽象的な表現をしてしまいがちですが、これではいっこうに面白いスピーチにはなりません。

聞き手の心をつかむスピーチをするには、具体的なエピソードをとおして、新郎新婦の人柄を語ることです。ことばだけで「優しい人」というのではなく、こんなことがあったというエピソードで、列席者に新郎新婦が優しい人であることを感じてもらうのです。

上司や同僚であれば新郎新婦の職場での仕事ぶり、友人であれば学生時代のエピソードなどを話すとよいでしょう。それはいわば、話す人だけが知っている財産なのです。

テーマにふさわしい話題を

テーマとは「なにを話すか」ということです。
やはり、披露宴のスピーチとして、もっとも楽しく、席を盛りあげるのは、新郎新婦のエピソードを紹介し、その人柄を語るものでしょう。

エピソードの内容は、美談でも失敗談でもかまいませんが、失敗談を話す場合は、新郎新婦をおとしめることにならないように注意しなければいけません。エピソードを選ぶコツは、美談はなるべく新鮮な新しい話題を選び、失敗談は時間がたったものを選ぶことです。せっかく美談を紹介しても、それが幼稚園や小学校時代の話では印象が薄くなりますし、あまりに新しい失敗談は生々しく感じられてしまいます。

すでに結婚している人であれば、結婚生活の先輩としてのアドバイスをするのもよいでしょう。この場合は、必ず自分の具体的な失敗談や苦労話を盛りこみ、自分なりの感想を述べるようにします。その中で自然にユーモアがにじみ出れば、そのスピーチは成功といえます。

美辞麗句《びじれいく》よりも大事なのは気持ち

どのような美辞麗句も、それを受ける人への愛情がなかったら、まったく無意味なものになります。逆に、紋切《もんき》り型の常套語《じょうとうご》や美辞麗句が、話す人の真情をおおいかくしてしまうといっても過言ではないでしょう。

披露宴のスピーチには決まった形式や言い回しがあるはずだと考え、それにしたがわなければいけないと思いこんでしまうと、緊張してしまってうまく話すことができません。そうではなく、新郎新婦の幸せに思いを集中し、ひたすらに自分の心のうちを率直に述べればよいのです。

大切なのは真情であり、新郎新婦を祝福する気持ちがまじめな表現のものであれば、少しくらいことばが足りなくても、それはよいスピーチといえるのです。

とくに若い世代の人の場合、「頭脳明晰《ずのうめいせき》」や「容姿端麗《ようしたんれい》」などといった古めかしいことばを使うより、さりげないことばでほめて、等身大のリアルな新郎新婦像を浮きあがらせるほうが喜ばれます。まごころのこもった、自分らしいスピーチを心がけましょう。

メリハリのある展開を

人間の真情は、深ければ深いほど人には伝えにくいものです。いくら思うとおりに自由に話せばよいといっても、ある程度の目安がなければなかなか話をまとめることはできません。

スピーチを上手《じょうず》に展開させるコツは、まずテーマ、そしてエピソードを選ぶことです。もちろんエピソードが決まればおのずとテーマも決定するので、逆でもよいのです。むずかしく考える必要はありません。

構成を考えるときには起承転結を意識しましょう。

たとえば「起」で自己紹介、「承」であらかじめ選んでおいたエピソードを話し、「転」ではそのエピソードについての感想や考えを述べ、「結」で祝福のことばを述べてまとめる、といった具合です。

こうした大きなスピーチの流れを決めておけば、後は自由に話をふくらませることができます。

3S1W

スピーチの要領は、ひとことでいうなら「3S1W」につきるといえるでしょう。
3Sというのは、「ショート（短いこと）」「ソルト（塩味がついていること）」「センス（その場の雰囲気を感じとること）」であり、1Wとは「ウィット（機知《きち》にあふれていること）」です。

結婚披露宴にかぎらず、一般的にスピーチは短ければ短いほどよい、といわれています。披露宴のスピーチは媒酌人をのぞき、通常は三分間が目安になっていて、それを超えると、聞く人に長いという印象を与えてしまうようです。

たとえ聞き手を引きつけてやまない技量のもち主であっても、長すぎる話はやはり嫌われます。とくに披露宴では、会場の都合で全体の時間が限られていることがほとんどです。そんな中で長々とスピーチをしていては、式の進行を狂わせるばかりでなく、列席者のひんしゅくを買ってしまいます。

スピーチに臨《のぞ》む際には、あらかじめ自分に与えられたもち時間を確認し、その時間は決して超えないようにしましょう。

草稿を作り、一度は練習を

あいさつやスピーチは、その場で考えをまとめて話せばいいように思われますが、けっしてそんなに簡単なものではありません。突然指名された場合は別として、前もってスピーチを依頼されている場合や、指名されそうな場合は、あらかじめ話す内容を原稿にまとめておきましょう。

一般的に、普通にすらすらと話をする場合、一分間に話す文字量は三百字から四百字程度になります。つまり、三分間のスピーチの原稿を作る場合は、四百字詰め原稿用紙に二枚半から三枚を目安にまとめればよいでしょう。

草稿ができあがったら、必ず実際に声に出して読んでみましょう。話の内容によって速度が変わるということもあります。たとえば、人の名前や数字などはややゆっくりと、重要ではない説明的な部分はさらっと話すとよいでしょう。イントネーションや間《ま》のとり方にも工夫が必要です。

繰り返し読んでいるうちに自然と暗記することができれば、披露宴の当日は、自信をもってスピーチに臨《のぞ》むことができるでしょう。

スピーチの姿勢、表情、話し方

スピーチをするときの姿勢といっても、特別なことはなく、自然な姿でよいのです。まず背すじを伸ばし、肩の力を抜き、腕は自然におろすか前でそろえます。足は、男性なら少し開き、女性の場合はまっすぐにそろえて立ちます。片方の足に体重をかけて体がななめにならないように注意しましょう。ジェスチャーをつける場合も、あまりオーバーな動きにならないように気をつけたいものです。

表情は、やはり笑顔にかぎります。しかし、大勢の人の前に立ち、かしこまって話をしようとすると、どうしてもあがってしまうものです。そんなときは度胸《どきょう》を決めて、笑顔を作り、会場全体をゆっくり見渡してみましょう。きっと落ち着きを取りもどし、スムーズに話しはじめることができるでしょう。

声はできるだけ明るく、ひとことずつはっきりと発音します。はじめのひとことでマイクの調子を確かめ、声の強弱を決めましょう。目安としては、マイクから十五センチから二十センチ程度離れて話すようにします。

披露宴のスピーチに役立つ金言・名言

世の中には、たくさんの恋愛や結婚関する金言・名言があります。中には同じ内容を肯定するものと否定するもの、まったく逆の意味になってしまうものなどもあります。恋愛や結婚の問題は、それだけ一筋縄《ひとすじなわ》ではいかない永遠のテーマといえるのかもしれません。

金言・名言は、基本的にはスピーチのスパイスとして使います。ですから、話すエピソードに合ったものを選び、聞き手にわかりやすく説明することが必要です。ピリッとした隠《かく》し味のように使えば、スピーチ全体を引き締める大きな効果をもたらしてくれるでしょう。

〈恋愛、結婚に関する金言・名言〉

- 恋愛は、人生の花であります。いかに退屈であろうとも、このほかに花はない。（坂口安吾）
- 人がいちばん愛している女は、人がいちばん口に出さない女である場合が多い。（ボーシェーヌ）
- 恋は治療しえない病である。（テニスン）

●恋は無学の人間に文学を教える。（エウリピデス）
●愛情には一つの法則がある。それは愛する人を幸福にすることである。（スタンダール）
●結婚よりも恋愛のほうが気に入られる。小説のほうが、歴史の本よりさらに面白いという理由で。（シャムフォール）
●一人の男と一人の女が結婚したとき、彼らの小説は終わり、彼らの歴史が始まる。（ローシュブリン）
●結婚生活。この厳しい海原を乗り越えていく羅針盤《らしんばん》はまだ発見されていない。（イプセン）
●結婚生活は多くの苦痛を伴《ともな》うが、独身生活は喜びをもたない。（ジョンソン）
●愛する者と暮らすには一つのコツがいる。それは相手の欠点を直そうとしてはいけないことだ。（シャルドンヌ）
●夫婦生活とは長い会話である。（ニーチェ）
●結婚はすべての文化の始まりであり、頂上《ちょうじょう》である。（ゲーテ）
●よい結婚というものがきわめて少ないということは、それがいかに貴重で偉大なものであるかという証拠である。（モンテーニュ）

スピーチのタブー

披露宴のスピーチには、いくつかの避けるべきタブーがあります。スピーチに臨む際には、今一度確認をしておきましょう。

①長すぎるあいさつ
新郎新婦の紹介などがある媒酌人は五分から長くても七分、上司や友人などそのほかのスピーチは三分以内に終わらせるようにします。

②紋切《もんき》り型の美辞麗句《びじれいく》や難解《なんかい》なことば
祝辞には形式や慣用語があるはずだと考え、難解なことばや紋切り型の美辞麗句、常套《じょうとう》語を使う人がいますが、それを受ける人への愛情がなければ無意味です。大切なのはまごころです。

③金言や名言、ことわざなどの誤った引用
ことわざや偉人の名言などをスピーチに織りこむと話の幅が広がりますが、間違った使い方をしては笑い者になるだけです。きちんと意味を調べてから使うようにしましょう。

④新郎新婦の過去の男女関係
主役である新郎新婦を傷つけるようなことを話してはいけません。

⑤新郎新婦に関係のない話題

家柄、血筋、親兄弟の社会的地位、勤務先の説明などは、媒酌人が簡単に触れることはあっても、祝辞の中で話す必要はありません。

⑥隠語、略語、流行語

披露宴には、新郎新婦の親族のほか、年齢や性別、職業の異なるさまざまな人が出席します。一般社会に通用しない隠語や略語、流行語などをならべると、話がわかりにくくなるのでやめましょう。

⑦忌みことば

忌みことば（P28参照）は避けるようにしましょう。どうしても使う必要がある場合は、「本来このような席ではいけないことばとなっているのですが」などと断りを入れ、最後はめでたく話を結びます。

⑧知ったかぶりの話し方

他人のスピーチや本などの例を、そのまま用いる借りもののスピーチはやめましょう。自分のことばで語ることが大切です。

敬語のマナー

敬語の使い方は時代とともに変化していますが、いかに世の中が変わっても、話す相手に応じた適切なことばづかいを心がけなければいけません。

かといって、丁寧に話そうとして、むやみに何にでも「お」や「ご」をつけると、使い方によっては非常におかしなものになり、常識を疑われかねません。

スピーチの席では、敬語を正しく使うことがとても大切です。

敬語には「尊敬語《そんけいご》」「謙譲語《けんじょうご》」「丁寧語」の三種類があります。

尊敬語は語りかける相手や話題にしている人に関して敬《うやま》って表現することば、謙譲語は自分に関することをへりくだっていうことば、そして丁寧語は相手に対する自分の敬意をあらわすためのことばです。

こうした敬語をきちんとわきまえたスピーチは、聞く人に美しく響くでしょう。

敬語の使い方

基本動作	尊敬語	謙譲語	丁寧語
いる	おられる いらっしゃる	おる	います
する	なさる される あそばす	いたす させていただく	します
いう	いわれる おっしゃる 仰せになる	申す 申しあげる	いいます
思う	思われる お思いになる	存じる	思います
見る	ご覧になる	拝見する	見ます
聞く	お聞きになる 聞かれる	うかがう 承《うけたまわ》る	聞きます
行く	行かれる おいでになる いらっしゃる	うかがう まいる 参上する	行きます
来る	来られる おいでになる いらっしゃる お見えになる	まいる	来ます
食べる	お食べになる 召しあがる	いただく ちょうだいする	食べます

忌みことば

披露宴の席上では、次のようなことばは「忌《い》みことば」とされています。スピーチなどでは使うことを避けたほうがよいでしょう。

〈離婚を連想させることば〉
出る、戻る、返す、去る、帰る、きらう、離れる、割れる、破れる、だめになる、冷える、こわれる、あきる、捨てる、浅い、重ねる、離婚する、切る、傷つける、別れる、終わる、滅びる、など。

〈再婚を連想させる重ねことば、くり返しことば〉
いよいよ、重ね重ね、またまた、たびたび、かえすがえす、くれぐれ、再び、しばしば、重々、重ねて、など。

〈慶事にふさわしくない不吉なことば〉
失う、落ちる、枯れる、朽ちる、くずれる、倒れる、つぶれる、死など。

忌みことばであっても、最近ではあまり神経質にならず、スピーチの中でごく自然に使われているケースもあるようです。しかし、何度も繰り返し使ったり、直接死や別れに関することばを口にしたりするのはマナー違反ですのでやめましょう。

CHAPTER 2

媒酌人のスピーチ

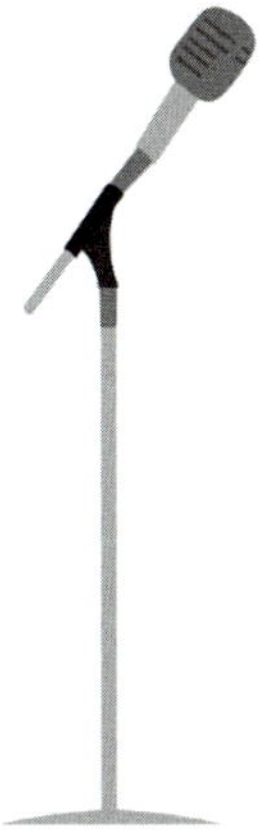

媒酌人のスピーチとは

媒酌人は、仲人《なこうど》ともよばれ、結婚式、披露宴を通じて、もっとも大切な脇役《わきやく》です。結婚式では新郎新婦の立会人また付添人であり、披露宴では新夫婦を紹介する大役を受けもつとともに、主催者側として参列者へのもてなしをしなければなりません。

媒酌人には、新郎と新婦の間に入って結婚までの世話や面倒を見る場合と、結婚式の盃事《さかずきごと》の仲立ちだけをする「頼まれ仲人」の場合とがあります。

頼まれ仲人の場合、披露宴であいさつするだけの形式的なものとなるだけに、スピーチに始まりスピーチに終わるといっても過言ではないほど、披露宴でのスピーチが重要な役目となります。

媒酌人のスピーチは、主催者側の立場のスピーチとなり、披露宴での最初の重要なあいさつとなります。新郎新婦の紹介と祝福のことばや、参列者への感謝を述べるとともに、その場の雰囲気を厳粛《げんしゅく》かつなごやかに保つよう、心を配ることも大切です。

かつては「人間は一生に三度の仲人をする」といわれていました。媒酌人を依頼されたときに「スピーチが苦手だから」という理由で断ることのないようにしたいものです。社長や上司として媒酌人を依頼された場合など、新郎新婦のどちらかとしか面識がない場合は、事前に二人と会って、経歴や人柄、結婚までのいきさつ、二人のエピソードなどを確認しておきましょう。

媒酌人の服装は、洋装ならモーニングまたはディレクターズスーツ、和服なら紋服《もんぷく》姿で。媒酌人夫人は、和服なら黒留袖《くろとめそで》、洋装ならアフタヌーンドレスまたはイブニングドレスを着用します。

新郎を甘党に変えた新婦への愛情

挙式の報告　つかみ

本日はお忙しいところ、金山、橋永両家の結婚披露宴にご臨席賜《りんせきたまわ》りました皆様方に、まずもって厚くお礼申しあげます。

①ただ今、神殿におきまして金山陽一君と真由美さんご両名のご婚儀がとり行われましたことをご報告申しあげます。と同時に、ご両家の皆様方に心からお祝いを申しあげます。

②私は本日、媒酌の大役を仰せつかりました栗原光三郎でございます。新郎陽一君が営業マンとして活躍されております、○○株式会社T支店の支店長をしております。

新郎新婦の紹介　展開

③さて、恒例にしたがいまして、ここに新郎新婦のご紹介をさせていただきます。

新郎陽一君は、金山家の良夫様、優子様の長男として、○○年S市に生まれました。金山家はご承知のように実業家としても、また先祖代々の農家としても有名であります。土地家屋も十分もっておられ、新夫婦のた

挙式の報告
①参会者に対し、結婚式がとどこおりなくとり行われたことを披露します。

自己紹介
②媒酌人の立場は、会社の上司、親の友人・知人、恩師などさまざまなので、新郎新婦との関係がわかるような自己紹介をしましょう。

新郎新婦の紹介
③新郎新婦の略歴や人柄を紹介します。名前や学歴などを間違えないように注意し、必要ならばメモを用意して読みあげてもよいでしょう。

ポイント

新郎新婦の故郷について紹介する場合は、新郎側と新婦側を平等に紹介するように心がけましょう。

めに一軒増築中とのこと、私のようなマンション暮らしのものにとっては、うらやましいかぎりです。陽一君は、このめぐまれた環境の中で、ご両親の深いご慈愛《じあい》と厳正《げんせい》な教育を受けて、O高校卒業後、I大学経済学部に学ばれ、○○年に卒業後、私どもの○○株式会社に入社されました。現在、営業部に配属されていますが、その活躍ぶりは大変なもので、私どもの支店のみならず、○○株式会社のホープとして将来を嘱望《しょくぼう》されております。

④新婦真由美さんは、○○年、O県K市の生まれで、ただ今、花の盛りの二十六歳でございます。実は、私は新婦のお父さんとは高校までの同級生でございまして、お父さんの人志さんとお母さんの清美さんとは親しくさせていただいております。

O県はご存じのように、農業が盛んで特産品も多く、新婦の実家でもキウイフルーツを生産して、都内の有名店に納入しているとのことです。

また、O県は、独立独歩《どくりつどっぽ》の精神の旺盛《おうせい》な県民性ともいわれております。新婦真由美さんも、高校を卒業すると上京して働くといわれますので、私

④新郎と新婦を平等に紹介します。

が親がわりとしてあずかりまして、私どものお取引先様でもある和菓子店、Ｈ家さんへ就職したわけであります。

⑤ところがであります。ご覧のように新婦真由美さんは、まるで女優さんのような美人でございます。Ｈ家さんはちょうど駅から会社へ向かう通勤途中にありますので、新郎陽一君は、一目見てほれこんでしまったらしいのです。それからというものは、必ずＨ家さんに寄っておしるこを食べて帰るのが日課となったそうです。実は陽一君は、それまでは甘いものには見向きもしなかったそうですから、恋というものは不思議なものです。三年間おしるこを食べ続けて、今は大の甘党になったということです。

私どもがお二人の関係を知ったのは、ここ半年ほど前からですが、なんと彼は毎日昼休みに食事に出るたびに和菓子を買ってくるようになったのです。つまり、お昼もＨ家さんへ通っていたわけです。新婦真由美さんに聞きますと、プロポーズは一年ほど前にされたそうですが、よくもまあ陽一君が糖尿病にならなかったものだと、私どもも胸をなでおろしていると

エピソード

⑤新郎新婦のなれそめなどのエピソードを紹介します。出会いのいきさつなどを知らない場合は、友人や同僚たちのスピーチに話題をゆずります。

ころでございます。

しかし、もう大丈夫です。栄養とバランスのとれた食事を真由美さんが用意してくれることでしょう。

結び　感謝と励まし

⑥陽一君も、今後営業マンとしてますます飛躍し、いずれトップの座をしめることになりましょう。真由美さんも内助《ないじょ》の功を発揮して、立派な家庭を築かれることでしょう。お二人ともたいへんご立派なご両親の愛情によって、今日《きょう》のよき日を迎えたことを忘れずに、ご両親のご恩に報《むく》いるようにがんばってください。
⑦ご列席の皆様も若い二人をあたたかく見守っていただき、今後とも変わらぬご指導ご鞭撻《べんたつ》を賜りますよう、よろしくお願い申しあげます。
⑧本日はまことにありがとうございました。粗酒《そしゅ》・粗肴《そこう》ではございますが、新郎新婦の前途を祝し、十分ご歓談くださいますようお願いいたしまして、私のごあいさつとさせていただきます。

祝福と励まし
⑥新夫婦の将来に対する期待と励ましのことばを述べます。

支援のお願い
⑦参会者に向けて、新郎新婦への今後の支援のお願いを述べます。

お礼
⑧参会してくれたことへの感謝のことばと、不行き届きの点を詫び、歓談をお願いして着席します。

新郎と新婦の父上が私の友人で

つかみ

ただ今、司会の方からご紹介いただきました、三輪でございます。

皆様には、ご多忙の中を、かくもお揃いでお出でいただきまして、まことにありがたく厚くお礼申しあげます。

太田家の和也君と丸尾家の彩さんは、ただ今、当結婚式場のチャペルにおきまして、とどこおりなく結婚式をお挙げになりました。ここにご報告申しあげますとともに、この喜びを皆様と分かち合いたいと存じます。

展開

新郎和也君の父上、新婦彩さんの父上と私は、かつてともに同じ会社に勤め、今から三十数年前は、S市にある社宅で生活をともにした間柄でございます。また、太田さんと丸尾さんは、大学の先輩、後輩の間柄でもございます。昨年の五月、かつて同じ社宅にいた仲間の親睦会がございまして、太田・丸尾の両氏も出席されており、近況報告の中で、新郎和也君と新婦彩さんの話が出ました。

そして、たまたま、当日の幹事役でした私たち夫婦が仲人の役を仰せつかり、太田さんご夫婦と長男の和也君、丸尾さんご夫婦と長女の彩さんにお集まりいた

ポイント

お見合い結婚の場合の媒酌人の一般的なあいさつです。新郎新婦の両親との間柄も話しておきましょう。

だき、お見合いをしてもらいました。

両家のご両親はもちろん気心の知れた仲ですし、和也君と彩さんのお二人の間もたいへんなごやかに話がはずみ、すっかり意気投合された様子でした。あとは若いお二人とご両親の間で順調に話が進み、今日《きょう》のよき日を迎えられることとなりました。そして、出会いの責任者でございます私たち夫婦が、およばずながら媒酌人の大役をお引き受けいたした次第でございます。

では、新郎・新婦のご紹介をさせていただきます。

新郎和也君は、太田家の長男として、○○年にお生まれになり、県立S高等学校を経て、平成○○三月、K大学経済学部を優秀な成績で卒業されました。そして同年四月、食品関係の業種をとくに志望され、○○食品株式会社に入社されました。○○食品株式会社からは、本日、主賓として本田社長様にお出でいただいております。常に独自の技術による新しい食品を開発しておられる企業として、業界から注目、信頼されている会社でございます。

和也君は、同社の営業部の主任をしておられ、前途を嘱望《しょくぼう》されている好青年でございます。テニス、スキー、ゴルフの上手なスポーツマンであるとともに、読書を趣味としておられるおっとりとした人柄で、心優しく、それでいて意志の強い立派な青年でございます。

一方、新婦の彩さんは、丸尾家の長女として、○○年にお生まれになり、K高等学校を経て、平成○○年三月、T短期大学英文科を立派な成績で卒業され、同年四月、○○総合研究所に就職されました。

○○総合研究所は、本日、主賓として総務部長の西村哲治様にお出でいただいておりますが、皆様もご承知のように、日本を代表するシンクタンクとして有名な研究所でございます。

彩さんは、同研究所の総務課に勤務され、本年一月、このたびの結婚を控え、惜しまれつつ同研究所を円満退社され、今日《こんにち》まで花嫁修行をしておられました。ご趣味は、音楽と読書のほか、茶道の修行もしておられます。ご覧のとおり、たいへんお美しい、しかも、さっぱりしたご性格のお嬢様でございます。

このお二人は、昨年の十一月に婚約が整いまして以来、ご両家、家族ぐるみのご交際のもとに、互いに理解と信頼を深められ、本日のこのよき日を選んで、めでたく挙式の運びとなったのであります。

結び

両人は、いずれも人もうらやむ家庭に育ち、資質も豊かとはいえ、なにぶんにも社会経験の浅い二人でございます。今後、家庭を築き、人間的成長を遂げ、両家の希望と皆様のご期待に応えるためには、まだまだ、皆様方にご教示とご鞭撻《べんたつ》をお願いしなければなりません。

どうか皆様、本日から人生の新しいスタートをする二人に、いつまでも変わらぬご友情とご助力を賜りますようお願いいたします。

本日は、お忙しいところを、まことにありがとうございました。

結婚前は両目を大きく開いて、結婚後は片目を閉じよ

つかみ

ただ今、司会者の方よりご紹介にあずかりました瀬川昭太郎でございます。

本日は、あいにくの雨模様でお足もとの悪い中を、新郎小川徹君と新婦優花さんの結婚披露宴にご列席いただいたことを、新郎新婦、ならびにご両家のご両親になり代わりまして、高い席から僭越《せんえつ》ではございますが、厚くお礼申しあげます。

新郎小川徹君と新婦優花さんは、先ほど○○教会におきまして、永遠に変わることなき愛を誓い合い、夫婦の契《ちぎ》りをなさいましたことを、喜びをもってご報告申しあげます。

展開

では、披露宴に先立ちまして、新郎新婦の紹介をさせていただきます。

新郎小川徹君は、K県の生まれで、本年二十八歳、Y大学経済学部を卒業後、○○株式会社に入社され、私の担当する営業部に配属になりました。入社時より注目されておりました青年でございます。

営業という仕事は、なによりも人づき合いが大切な仕事でございまして、誠実な人でなければ務まらない仕事でございます。小川君は取引先の会社の方々の評

ポイント

共働きを続ける夫婦に、先輩として、夫婦の役割分担のアドバイスをして、理想的な家庭作りを励まします。

判もたいへんによく、私もずっと小川君の将来性を買っておったようなわけでございます。

さて、新婦の優花さんは、T県のお生まれで、O大学文学部をご卒業後、小川君が入社した三年後に、やはりわが社に入社されました。たいへんに活発で明朗な女性で、社員同士の交流のためのサークル活動を立ち上げたのも、優花さんだと聞きおよんでおります。

新郎は営業部、新婦は総務部、フロアも七階と八階で、二人はほとんど顔を合わせる機会もありませんので、いつ知り合ったのかと、今回の媒酌を頼まれたときにたずねてみたところ、春の会社の社員旅行のおりに、お互いが見そめ合ったようです。それも、宿泊先のホテルで、新婦たちが夜おそくまで余興の練習をしていたので、うるさくて眠れぬと怒鳴り込みにいったのが、なんと新郎の小川君だったそうです。

ケンカで出会ったお二人が、こうして、今日《きょう》はめでたく結ばれたのですから、ほんとうに男女の仲とは不思議なものだとつくづく思う次第です。

イギリスに、「結婚前には両目を大きく聞いて見よ、結婚してからは片目を閉じよ」ということわざがございます。

つまり、結婚する前には、両目で相手をよく観察し、結婚してからは、相手の多少の欠点には、片目をつぶるぐらいの鷹揚《おうよう》さがないと、夫婦の仲はうまくいかないという教えでございます。

人間は、多かれ少なかれ、誰もが欠点をもっています。

「恋は盲目」といって、恋愛時代には見えなかった欠点が、いざ一緒に生活してみると、どうしても目につくものでございます。

お互いがそれをがまんし合ってこそ、夫婦が仲よく暮らせるのです。

まあ、わが家のように、来る日も来る日も、両目を閉じることを強《し》いられるようになってはいけませんが……。

優花さんは、結婚後も、当分今のまま会社にお勤めになるとうかがっております。夫婦共働きの時代といっても、夫と妻の間には、おのずと役割分担があるものです。どうか、そのへんをお二人ともよくわきまえて、理想的なご家庭をお作りになってください。

優花さんは、昨年、お父様を交通事故で亡くされたそうです。お父様も、今日《きょう》のこの美しい優花さんの花嫁姿を、どんなにか待ち望んでいたに違いございません。

小川君、どうか、そのお父様の分までも、優花さんを大事にしてあげてください。

結び

最後に、本日ご列席の皆様も、どうか、若いお二人のために、今までと変わることなきご指導とご鞭撻《べんたつ》のほどを、新郎新婦、ご両家の皆様になり代わり、媒酌人として心からお願い申しあげる次第であります。

どうも、長らく、ありがとうございました。

晩婚の場合

忍耐強く愛情を育ててきた二人

つかみ

慣例にしたがいまして、媒酌人の私から、ごあいさつを申しあげます。

川島亮介さんと、高尾千晶さんは、本日当式場において、おごそかに結婚の儀をとり行いました。私はこのことを皆様にご報告申しあげることのできましたことを、大層うれしく思いますとともに、大きな感動をおさえきれないのでございます。

申し遅れましたが、私はO地区飲食業組合の会長の津田と申します。川島さんとは店がお隣り同士でございまして、ごく昵懇《じっこん》におつき合い願っておりますところから、今日《きょう》の慶事《けいじ》をお聞きし、私のほうから媒酌の労をとらせていただきたいとお願いした次第でございます。

展開

新郎川島さんは、K市のご出身でK高校を卒業し、R大学へ進学されました。新婦千晶さんは、O市のご出身で、O高校を卒業されて、やはりR大学へ進学されたのでございます。新婦は新郎より二年後輩でありまして、新郎がただ今四十歳でございますから、お二人はけっしてお若いご夫婦というわけにはまいりません。

ポイント

結婚披露宴のスピーチでは、人の亡くなったことはあまりいうべきではありませんが、この場合はやむを得ないでしょう。

しかし、これまでにはお二人の長い努力と忍耐強く育てた愛の物語があるのでございます。

大学では、お二人はワンダーフォーゲル部で知り合われ、夏休みにヒマラヤへトレッキングに行ったときに、同じT県出身ということで意気投合され、その後交際を経て、千晶さんの卒業を待って結婚しようと、川島さんから千晶さんへ正式にプロポーズがなされたわけでございます。もちろん、千晶さんはこれを快く受け入れたのでございますが、運命のいたずらと申しましょうか、千晶さんが大学四年になった年に、お父様が交通事故の犠牲《ぎせい》となられたのであります。

ついでお母様もショックで病の床《とこ》につかれ、その看病のため、千晶さんはO市へ帰らざるを得なかったのでございます。

一方、川島さんも大学卒業後、東京の商社に勤めていたのでありますが、お父様を肺がんで亡くされ、まだ学校に通っている弟さんと妹さんがいることから、お父様の跡を継がれ、K市でレストランを経営することになったのでございます。

もし、この場合、川島さんか千晶さんのどちらかが、どうしても結婚生活に踏み切ろうとすれば、それはそれでできないことではなかったかもしれません。しかし、お二人は自分たちだけよければよいのだという考え方をしないで、周囲の理解と祝福が、結婚生活にとって欠かせない条件のひとつであるという、冷静な考えをとったのでございます。

お若い二人が、このような思慮《しりょ》ある判断をもって、十余年も忍耐強く愛情を育ててきたことは、敬服にあたいするものであります。

その後、川島さんのご兄弟もそれぞれ就職され、今、川島さんと千晶さんのお二人に、やっと秋の実りの季節がやってきたのでございます。

天国の川島さんのお父様、千晶さんのお父様、ご安心ください。お喜びください。お二人は幸せです。

このようにして実を結んだ、お二人の愛と忍耐のあしあとは、これからの家庭生活におきましても、必ずや美しい花を咲かせ、また、実りの多いものとなることでございましょう。

今や、千晶さんも経営者の妻でございますので、どうぞお二人の力を合わせて、お店をより一層発展されるよう、お祈りしたいと存じます。

結婚を実現するために、沈着《ちんちゃく》に冷静に、穏健《おんけん》着実な方法を選び、忍耐強く努力を続けられたお二人は、必ずや、皆様のご期待に添いうるような立派な家庭を築きあげてくれるものと確信いたします。

結び

お二人は、本日から新しい生活の第一歩を、手に手をとってスタートするわけでございます。

すばらしい人格をおもちのお二人に、今さら何もいうことはないかもしれませんが、これからの幾久《いくひさ》しい人生行路《じんせいこうろ》は、けっして平穏無事ばかりではないと存じます。

ぜひとも皆様方のあたたかいご協力とご支援をもって、二人の将来を見守ってやっていただきたいと存じます。

本日は、諸事万端《しょじばんたん》不行き届きもあろうかと存じますが、時間の許すかぎりご歓談願いたいと存じます。ありがとうございました。

結婚は出発に左右されない

つかみ

本日は、お忙しい中を、新郎新婦のために、かくもにぎにぎしくお集まりをいただきまして、まことにありがとうございます。媒酌人として、両家になり代わり厚くお礼申しあげます。

さて、まず第一に皆様にご報告しなくてはならないことがございます。と申しますのはほかでもございません。先ほど、新郎太田弘之さんと新婦麻美さんが、このすぐ近くにございます○○神社におきまして、神前にぬかずき、めでたく結婚の契《ちぎ》りをとり交《か》わされ、新しいご夫婦としてスタートされたことでございます。ご臨席《りんせき》賜りました皆様に、つつしんでご報告させていただく次第でございます。

申し遅れましたが、私、新郎太田弘之さんの上司で、本日の媒酌の役を務めさせていただきました稲垣でございます。

展開

まず、媒酌人のあいさつの務めといたしまして、本日めでたく結ばれましたご両人の紹介をさせていただきます。

新郎太田弘之さんは、N県の出身でございまして、今年三十五歳になられます。

ポイント

再婚同士の場合は、お互いの心を傷つけないような配慮が大切です。さらっとした説明にとどめたほうが好印象を与えます。

Ｎ大学工学部卒業後、私どもの○○電機に入りまして、現在に至っております。すでに中堅社員として充実した仕事をなさっております。

皆さんもご存じと思いますが、太田さんは、実は、五年前に当時の夫人と協議離婚をいたしております。

仕事に追われる日々が多く、家事に手がまわらない太田さんの身のまわりの世話をいろいろとなさってくださったのが、同じマンションに住んでおられた新婦の麻美さんです。実は、麻美さんも、三年前に当時のご主人を病気で亡くされ、現在は○○株式会社に勤めていらっしゃいます。やはりＮ県のご出身で、同郷のよしみから、お二人のおつき合いがはじまったようです。

私ごとで恐縮《きょうしゅく》ではございますが、新郎太田さんから、このたびの媒酌の大役を仰せつかりましたとき、はじめは大変に不安でございました。しかし何度か麻美さんとお会いして、お話しさせていただくうちに、この方なら、お二人でうまくやっていけるに違いないという確信を抱いて、私も喜んで媒酌人をお引き受けさせていただいた次第でございます。

お二人とも、すでに人生のさまざまな荒波をくぐってこられた方でございます。そうした試練をくぐりぬけたうえで、お互いに伴侶《はんりょ》に巡《めぐ》り会えたということは、ほんとうにすばらしいことだと思います。

以前、川端康成《かわばたやすなり》の小説に、「長い結婚は、必ずしも出発に支配されない」と書かれていたのを読んだことがございます。

つまり、長い結婚生活を続けていくうえで、スタート時点での形はなんの意味ももたない、夫婦の愛を育むものは、結婚した時点からのお互いの努力、年輪の積み重ねによるものだという意味だと思います。

どうか、お二人とも、今日《きょう》のよき日を出発点として、一年一年と年輪を重ねてよりよい夫婦関係を築いていただきたいと存じます。お二人で、きっと幸せな家庭を築いてくれるものと私は深く信じております。

どうか皆様、お手数ですが、拍手をもちまして、お二人の幾久しき前途へ向かっての第二の人生のスタートに際し、幸多《さち》からんことを祈る祝福をお願いいたします。

(拍手――)

結び

本席、なにかと不行き届きの点もあるかと思われますが、ごゆっくりとおくつろぎいただき、お二人に祝福のおことばなどを賜りますよう、よろしくお願いいたす次第でございます。

以上をもちまして、媒酌人のごあいさつに代えさせていただきます。

ありがとうございました。

一方が再婚の場合

人は愛せずして生きることはできない

つかみ

本日はご多忙の中、津川、上田両家の結婚披露宴にご出席いただきまして、まことにありがとうございます。

先ほど、当式場におきまして、新郎津川武君と新婦真美さんの結婚の儀がとどこおりなくとり行われましたことを、皆様にご報告させていただきます。

武君、真美さん、おめでとうございます。

申しおくれましたが、私、本日の媒酌の役を務めさせていただきました鈴木でございます。よろしくお願いいたします。

展開

まず、媒酌人のあいさつの務めといたしまして、本日めでたく結婚なされました、新郎新婦ご両人の紹介をさせていただきます。

新郎津川武君は、〇〇年、津川進治さん、君枝さんの次男として生まれ、ご兄弟は三人兄弟です。平成〇〇年、郷里のN高校より、H大学法学部に進学、卒業後は〇〇商事に入社され、現在販売事業部に勤務されています。

学生時代から山岳部に籍をおき、日本の山はもとより、遠くヒマラヤ登山にも

ポイント

再婚する側の気持ちをよくくみとった内容であることが大切です。だからといって「お涙ちょうだい」の物語にならないようにしましょう。


遠征された、根っからの山男であります。

一方、新婦の真美さんは、すでに皆様もご存じのこととは思いますが、三年前に当時のご主人を航空事故で亡くされました。海外出張から帰途につく途中のできごとでした。新婚生活わずか三ヵ月目のことです。

その後も、ずっと亡きご主人のお家にとどまり、義理のご両親の面倒を見て、お世話を続けるという、たいへんに心の優しいお方です。

実は、本日の披露宴にもご列席くださっていますが、新婦真美さんの義理のお父さんにあたられる山田源太郎さんと私は、小学校以来の友人でございまして、亡くなった息子さんの嫁である真美さんに、いつまでも世話になるのは心苦しいし、まだ若い真美さんに、もう一度幸せになってもらいたいから、よい人がいたら、ぜひ結婚の世話をしてくれないかというご相談を受けたのでございます。

私も、真美さんのために、ぜひよい人を見つけてさしあげようと心がけていたのですが、なかなかご縁がなくて、案じていた次第でございます。

ちょうどそんなとき、亡きご主人の三回忌の法要がいとなまれたおり、おみえになったのが新郎の津川武君でございます。亡きご主人とは大学時代のお友だちで、ご主人亡きあとも、ときおり顔を見せては、真美さんを励まされ、お力になっているとのことでした。

私は、ご主人が亡くなっても、いまだに友情を忘れず、昔と同じようにおつき合いをしている津川武君に、ほとほと胸を打たれました。お話をしても、実にさわやかな印象を受け、このような方なら、真美さんのお相手にぴったりだと思ったのです。

はじめはたいへんに不安でしたが、真美さんのことを、それとなくお話ししてみたところ、津川君のおっしゃるには、実は自分も真美さんのことは前々から気になっているが、失礼ではないかと、いい出せずに悩んでいるのだということでございました。

案ずるより産むがやすし、その後の経過につきましては、いわばとんとん拍子に進みまして、今日《きょう》のよき日を迎えるまでになったのです。

人は愛せずして生きることができず、また、愛されずして生きることはできないと申します。

津川君、どうか、真美さんのことをくれぐれもよろしくお願いいたします。真美さん、津川君と愛を育て、今度こそ幸せになってください。

きっと、亡くなったご主人も、お二人のご結婚を祝福され、天国から見守ってくれていると思います。

結び

ご列席の皆様方も、どうか、このお二人がいつまでも幸せでありますように、あたたかい目で見守りくださいますよう、媒酌人として、心からお願い申しあげます。

どうも、ありがとうございました。

再婚で子どもがいる場合

年末の「第九」が招いたハッピーエンド

つかみ

ただ今、ご紹介いただきました媒酌人の光田でございます。本日はご多用のところご出席いただきましたことを心からお礼申しあげます。

小川雄一君と井上菜保子さんは、先刻、○○神社の御前にて、三三九度《さんさんくど》の盃《さかずき》を交《か》わされましたことをご報告申しあげます。

展開

本日は、ごく内輪《うちわ》の方々を中心にお集まりいただいておりますので、皆様、すでにご存じのことと思いますが、小川君は O 県のご出身で、私と同じ年の現在四十八歳でございます。

また、私と入社も同期であり、それ以来、親友として交際を願ってきたわけでございます。

その彼が、三年前に、二十年近く苦楽をともにされました奥様を亡くされたのはご存じのとおりですが、大学に通っている娘さん、香菜さんと申しますが、いらっしゃることですし、なにかと家のことで不自由だろうからと結婚をすすめたのですが、彼は首をたてに振りませんでした。

ポイント

子どもがいる場合は、子どもも結婚に賛成している旨を入れ、前歴にはあまり触れないようにします。

その彼が、昨年の暮れのことですが、私の家にめずらしくといっては失礼かもしれませんが、笑顔の可愛い女性を連れてこられたのです。その方が、現在の新婦でございますが、井上菜保子さんと申しまして、市が行う「第九を歌う会」のメンバーとして知り合われたそうです。

小川君の娘さんの名前が香菜さんといい、新婦の名前が菜保子さんといい、菜の花の〝菜〟の字がついているのも、そしてベートーベンの「第九交響曲」を通じての出会いに、お互いに何か〝運命〟を感じたそうです。

女性の年齢はいってはならないと申しますが、逐一紹介するのが媒酌人の義務かと存じますので申しますが、新婦の菜保子さんは、T県の生まれで、新郎と十違いの三十八歳でございます。実は、最初にお目にかかったときは、二十代かと勘違いしたほどで、小川君も張りきって一緒に若返ってもらいたいと思います。

菜保子さんはK大学ご卒業後は研究室におられたとのことですが、単に象牙《ぞうげ》の塔にこもられることなく、学生時代からテニスを続けられ、ゴルフはプロ級の腕前とか。明るく、活動的な新婦でございます。

結び

小川君のほうも、菜保子さんと交際をはじめてから結婚を決意するまでは、娘さんがどう思うだろうかと考えて悩んでいたようでございます。しかしある日、「お父さん、この漫画みて」と、香菜さんたちが作っている漫画同人誌を見せられたそうです。

それには、香菜さんの作品で「親父が一人じゃ心配で結婚もできない」というストーリーがのっていたそうです。それを見て、小川君も、娘も暗に「結婚してもいいよ」といっているんだということがわかり、今日《きょう》の結婚へのゴールインとなったわけでございます。

この心優しい香菜さんも、来年大学を卒業すると同時に、出版社への入社が決まっているそうでございます。まことにおめでとうございます。

また、新郎には、来春、九州支社へ部長としてご栄転の話もありまして、新郎新婦は、南国九州の地で、新婚生活をスタートさせることになりそうです。

今、ここに、小川君の明るい表情と、菜保子さんの希望と自信に満ちたつつましいまなざしを拝見いたしまして、私の喜びは、最高潮に達しております。

今年も新夫婦は十二月二十五日、S文化会館にて、ご一緒に、「第九」を合唱されるそうです。どうか新しい夢と人生を満喫《まんきつ》しながら歌いあげられるよう心からお祈りして、媒酌人としてのあいさつといたします。

どうもありがとうございました。

新郎の会社の社長

結婚生活は長い会話である

つかみ

ただ今、ご紹介にあずかりました大山でございます。新郎池永俊也君、新婦由香里さんの結婚披露宴に先立ち、媒酌人といたしまして、ひとことごあいさつさせていただきます。

新郎新婦、ご両人におかれましては、本日、午前十時より当ホテル式場のチャペルにおきまして、めでたく婚儀を終えられました。新郎新婦、ならびにご両家の皆様に、心よりお祝いを申しあげる次第でございます。

展開

それでは、恒例にしたがいまして、ここで新郎新婦のご紹介をさせていただきます。

新郎池永俊也君は、平成○○年にK大学工学部を卒業後、私が代表取締役をしております○○株式会社の第一営業部に勤務しており、現在、係長としてわが社のためにがんばっていただいております。たいへんな勉強家で努力家でもあり、一昨年まで、二年近くシンガポールに滞在し、東南アジア地区のマーケット開発に大いに貢献をしていただいた、前途有望な青年でございます。お父様の池永大

ポイント

新郎の誠実さを訴えることを重視し、会社の宣伝はひかえめに。と同時に、人生の先輩らしい言葉を忘れずに述べましょう。

造氏は、皆さんもよくご存じの陶芸家でございまして、ご兄弟は、お姉様と弟さんの三人兄弟でございます。

さて、新婦の由香里さんは、〇〇運送の役員をなさっている、竹内常三氏ご夫妻の長女としてお生まれになり、現在、大学に在学中の弟さんがおられます。由香里さんは、平成〇〇年にＲ大学英文科を卒業後、〇〇航空に入社、今年の春までキャビンアテンダントとして勤務されておりました。

その飛行機に、新郎の池永君がシンガポールから帰国するおりに乗り合わせ、お二人がお知り合いになったというわけでして、数万フィートの上空で花ひらいた恋というわけでございます。

しかし、私にとっては、その数万フィートの空から投げだされたような、たいへんに驚くべきことがございました。

と申しますのは、実は、新婦由香里さんの母君悦子さんは、本日、この会場にも竹内家のご親戚としてご列席なさっている、〇〇株式会社の社長、黒川元吉氏の妹さんでして、黒川社長と新婦由香里さんは、いわば伯父、姪の間柄になるわけでございます。

皆様方も、よくご承知と思いますが、黒川社長の○○株式会社とわが社はライバル会社同士でありまして、新聞や雑誌などでも、常に両社がなにかにつけて過当競争を繰り返していると報じられております。

正直申しまして、私は、池永君から今回の媒酌人の依頼を受けて引き受けたものの、おそらくことがうまく運ばないのではないかと考えました。

とはいっても、お二人を現代のロミオとジュリエットにするのは、あまりにも悲しいことだと思い、こうなったら、一か八かぶつかるしかないと、意を決して黒川社長をお訪ねし、お二人の結婚をお願いしたわけでございます

さすがは裸一貫《はだかいっかん》から今日《こんにち》の○○株式会社を作りあげられた黒川社長、心よりお二人の結婚を祝福してくださり、私は大いに感動をおぼえたものであります。

どうかお二人とも、一生に一度の大事な結婚でございますから、今日《きょう》のこの日の感激をいついつまでも忘れることなく、末永くお幸せな人生を送られることをくれぐれもお願いいいたします。

ドイツの哲学者ニーチェのことばに、「結婚とは長い会話である」とあります。私などはもうすっかり夫婦の会話もなくしてしまい、妻などは、私が家で口にすることばは、「オーイ」「メシ」「ネルゾ」の三言だけだと申しております。なるほど、いわれてみると確かにそうでございます。

私も、今日《きょう》のお二人の厳粛《げんしゅく》な結婚式に立ち合わせていただき、これからは妻とも長い会話をもちたいと、つくづく反省をしている次第でございます。

結び

ご列席の皆さん、今日《きょう》からお二人は新しい人生をスタートされたわけでございますが、なにぶんにも若輩《じゃくはい》同士のことでございます。どうか、皆様がお力になって、お二人にご支援とご指導を賜りますよう私からもよろしく申しあげまして、媒酌人のごあいさつの代わりとさせていただきます。

失礼いたしました。

新郎の会社の部長

愛は力なり

つかみ

本日は、三浦健太君と白井愛さんの結婚披露宴に、大勢の方にお集まりいただきまして、まことにありがとうございます。

つい先ほど、当式場におきまして、仏式にのっとり、ご両人が華燭《かしょく》の典をあげられ、ここに新しいご夫妻となられたことを、媒酌人といたしまして、まず皆様方にご報告申しあげます。

申し遅れましたが、私、新郎三浦健太君が勤めております、○○建設で開発部部長をしております大沼浩一、そこにおりますのが妻の洋子でございます。

新郎の上司ということで、お二人に媒酌を依頼され、ふつつかながら、私ども夫婦で本日の大役をお引き受けしたような次第でございます。

なにぶんにも、このような大役を務めますのは初めてのことで、至らぬ点も多々あるかと存じますが、どうぞお許しのほどをお願い申しあげます。

展開

新郎の三浦健太君がわが社に入社しましたのは、三年前です。

T大学理工学部を卒業後、本日も当披露宴にご列席いただいております、○○

ポイント

新郎の上司の場合、新郎側にかたよることのないように、新婦とバランスのとれた紹介を心がけましょう。

設計事務所の村上社長のもとで一年ほど勤めておりましたが、村上社長から「うちにどうしても現場の仕事をしたいという青年がいるので、ひとつ面倒を見てくれないか」と頼まれまして、私どもの開発部に移ってこられました。

本人が現場の仕事を希望していただけあって、作業処理の効率化にも人並みはずれた手腕を発揮し、私どももすばらしい人材を得たと喜んでおります。

新婦の白井愛さん、いや、もうすでに三浦愛さんでございますね。愛さんは、K市でお土産物屋《みやげものや》さんを営《いとな》んでいらっしゃる、白井文雄さんと美智子さんご夫妻の三人姉妹の三女としてお生まれになり、K高校から、N専門学校のデザイン科に進まれました。

卒業後は広告制作会社に入社され、ポスターなどのデザインを担当されておられました。ご覧のとおり、たいへんに美しくおしとやかな女性でございます。

ほんとうに、三浦君がうらやましいかぎりです。

お二人が知り合ったのは、新郎の三浦君が、休日に観光でK市のお寺巡《めぐ》りに出かけたときだそうです。

三浦君は、小さいときにお父さんを亡くされていることもあり、たいへんに信仰の厚い方でして、本日の挙式を仏式で行ったのも、新郎三浦君からのご希望でございます。

話が横道にそれましたが、三浦君がお寺巡りの途中で、通りかかった新婦の愛さんに道をたずねたのが、お二人のおつき合いのはじまりだったようです。

なにしろ、新婦愛さんのご家庭は、娘さんばかりのご姉妹ですので、新婦のお母さんなどは、休日のたびに足を運ぶ三浦君のことを、まるで新しい息子ができたかのように、なにくれと可愛がってくださったそうです。

遅ればせながら、この場をお借りしまして、私からも厚くお礼を申しあげます。

結び

さて、お二人は、今日から新しい生活をスタートさせるわけですが、人生は陽の当たるときも、嵐にみまわれる日もございます。

「愛は努力なり」という言葉がございます。

お二人がこのうえとも、努力に努力をして、お互いに足らぬところを補い合って、どうかいつまでもお幸せなご家庭であることをお祈りいたします。

また皆様にも、ここにめでたく新しい門出をされた、三浦君、愛さんご夫妻に対しまして、貴重なご体験やご教訓をいただくことができましたら、媒酌人といたしまして、このうえない喜びでございます。

どうかお二人への厚いご支援をお願いいして、私のごあいさつを終わらせていただきます。

ありがとうございました。

新郎の恩師

誠実さで新婦の心をつかんだ新郎

つかみ

すがすがしい秋晴れの日曜日、皆様にはお休みのところを若い二人のためにご列席いただきまして、まことにありがとうございます。

私どもが媒酌の栄を担《にな》いまして、ここに新郎新婦をご列席の皆様にご紹介申しあげる栄を得ましたことは、このうえない喜びでございます。

杉本勇さんと、駒沢沙織さんのお二人は、先ほど当式場のチャペルにおきまして、夫婦の誓いを厳粛かつとどこおりなくとり行いましたことを、まずご報告申しあげます。

私は、ただ今司会者よりご紹介にあずかりましたように、T大学の美術学部で教鞭《きょうべん》をとっております花田でございます。

私が媒酌人の重責をお引き受けしたのは、新郎が大学での教え子であるというだけでなく、出身もH県のA市で、私と新郎とは同郷でもあるわけでございます。さらに新婦もH県のご出身だそうですから、私ども夫婦も喜んでお二人の新生活のご出発のお手伝いをさせていただいた次第でございます。

ポイント

聞き手を引き込むテンポのよい語り口もスピーチの上手な方法です。ただし、調子にのりすぎて作り話めいて聞こえないように注意しましょう。

展開

それでは吉例《きちれい》によりまして、新郎新婦をご紹介いたしましょう。

新郎杉本勇さんは、○○年に、父勇一、母恭子ご夫妻の長男としてH県A市に生まれ、県立A高校卒業後、上京して、私が勤めておりますT大学の美術学部へ入学されたわけですが、なぜか、六年間在学いたしております。

本人は「いい先生方と別れがたくて」などと申しておりましたが、本当のことを申しますと、実は映画の世界へ入りたかったそうで、大学を卒業すれば一人息子ですから、ご両親からは「H県に帰って学校の先生になれ」といわれていたそうで、東京にいるためには、卒業しないのが一番とがんばったそうでございます。

その後、ご両親もあきらめまして、東京で就職してもいいとの許可が出まして、映画界に入ろうとしたのですが、なにせ現在の映画界の現状は厳しく、あまり人の採用がありません。そこで、同じ映像を手がけている業界へと、テレビ局に入社されたわけでございます。

一方、新婦の沙織さんは、○○年、H県S市に、父定雄、母登美子ご夫妻の次女として生まれ、H大学を卒業されて、A市の中学校で国語の先生をなさっていたわけですが、新郎のご実家近くのＡ市の書店に立ち寄っていたところを、ちょうど帰郷していた新郎に見そめられたというわけでございます。

ところが、芸術家肌の人間は、一般的に純情な性格が多く、勇さんもご多分《たぶん》にもれず純心な方です。

沙織さんとデートの約束をしたものの、初めてのデートをどのように過ごしたらよいのかわからず、ただ戸惑《とまど》うばかりであったそうです。

まずはとレストランを予約したものの、待ち合わせ場所にあらわれた沙織さんの姿を見るなり舞いあがってしまい、その先は茫然自失《ぼうぜんじしつ》の状態で、今考えると、何を話したのか一切記憶にないとのことでございます。

しかし、勇さんの誠実さが、美しく優しい新婦の心をつかみ、そして完成した芸術品が、今日《きょう》の新郎新婦でございます。

これからお二人は夫婦として人生をともに歩まれるわけですが、夫婦の幸福とは第一に健康であるということだと思います。

「そんなことは当然だ」と思われるかもしれませんが、この平凡にして当然なことが、実際にはなかなか思うように運ばない場合があるのです。

夫婦の生活とは、十年、二十年、そして銀婚式、金婚式に至るまで、長い年月をお互い手を携えて進んでいくものであります。ともに健康であり、またお互いが深い愛情のもとに心の健康も保ち続け、いつまでも純粋な愛情に包まれた幸福な人生をお送りいただきたいと思います。

結び

どうぞご列席の皆様方にも、今後とも末永く、お二人をご指導ご鞭撻くださいますよう、切にお願い申しあげまして、媒酌人としてのごあいさつとさせていただきます。

ありがとうございました。

新郎の上司

晴れの舞台の新婦の美しさ

つかみ

お集まりの皆様、ただ今、当式場の神殿におきまして、田中、佐藤ご両家のご両親をはじめ、ご親戚の皆様方のお立ち会いのもとに、田中良和、佐藤美希ご両人の結婚の式がとどこおりなく行われましたことをまず、ご報告申しあげます。

私は、このたび仲人の大役を仰せつかった海野日出雄、そして妻の友子であります。

慣例にしたがいまして、私から新郎新婦の人となりについてご紹介申しあげるわけでありますが、その前に、私どもと、新郎新婦との間柄、なぜ仲人を務めることとなったかについて、ほんの少し申しあげたいと存じます。

お話の前に、新郎新婦には、これからいろいろと行事が待っておりますので、皆様方のお許しを得て、ご着席していただくことといたします。

皆様、よろしゅうございますね。

（新郎新婦に向かって）どうぞご着席ください。

展開

さて、私は、現在、新郎の職場である○○株式会社で総務課長を務めているものであります。また、妻の友子は、コーラスや書道などのサークル活動が大好き

ポイント

職場での交流、または自分たち夫婦と新郎新婦の接点を説明し、媒酌人を引き受けたいきさつとエピソードを紹介します。

な主婦であります。

新郎の良和君は、私の直属の部下で、入社後五年目に総務課に配属された、新進気鋭《しんしんきえい》のスポーツ好きな若者であります。

この彼が、ある日突然、結婚することになったから、私に仲人になってほしいというのであります。私ども以外に適任の方々が数多くおられる中で、なぜ、私が引き受けなければならないのか、少々戸惑った次第でした。

話の内容を聞いてみますと、その理由のひとつに、妻のサークル活動が関係していることがわかりました。新婦の美希さんは、妻の所属するコーラスグループでソプラノをうたうお嬢様でありまして、偶然、私ども夫婦は、新郎新婦の共通の知人であったわけです。

これで納得いたしまして、この大役をお引き受けしたわけであります。

前置きが長くなりましたが、さっそく、新郎新婦の人となりについて、ご紹介申しあげます。

新郎の良和君は、○○年六月二十五日、佐藤一夫、恵子様のご長男として、A

県Y市に誕生いたしました。ご両親は、わが子が無事によき社会人に成長するように、また人の和を大切にしてほしいという願いをこめて、良和と命名したのだといわれました。

こうしたご両親のご慈愛《じあい》を一身に受け、少年時代はサッカー少年としてグラウンドを駆けまわり、名門A高校からT大学へ進学。平成○○年三月、同大学を卒業、同年四月に○○株式会社に入社されました。

少年時代、そして学生時代から現在までのエピソードは、のちほどそれぞれのご友人からご披露《ひろう》があるかと思いますので省略いたします。

一方、新婦の美希さんは、○○年十月十七日、佐藤誠一、春代様の次女として、A県で誕生いたしました。県立Y高校を卒業後、A短期大学へ進学、平成○○年、同短大を優秀な成績でご卒業され、同年四月、A市役所に就職。市民の皆様方のよき相談相手となっておられます。

美人が多い地域として全国的にも有名なA県ですが、その特徴は、みどりなす黒髪、つぶらな黒いひとみ、つややかで白い肌、にあるといいます。

晴れの舞台にある美希さんにご注目ください。まさに輝くばかりの美しさではありませんか。

私は、良和君がうらやましい。皆様もそうお思いでしょう。

美希さんをこれまでにお育てになったご両親のご苦労、そして、本日のお慶《よろこ》びはいかほどのことでありましょうか。

結び

少し堅い話になりますが、中国最古の詩集である「詩経《しきょう》」に、このような詩があります。

「桃の夭夭《ようよう》たる、灼灼《しゃくしゃく》たり其《そ》の華《はな》、之《こ》の子《こ》于《こ》に帰《とつ》ぐ、其《そ》の室家《しっか》に宜《よろ》しからん」

嫁《とつ》ぎゆく若い娘の美しさを愛《め》で、祝福したこの詩文は、ご両親のお気持ちそのものだと存じます。

良和君、美希さん、ほんとうにおめでとう。

窓からやってきた花婿さん

つかみ

媒酌人として、ひとことごあいさつを申しあげます。

本日は勝田直樹君と梨絵さんのご結婚の祝福のため、皆様にはたいへんお忙しい中をおいでくださいまして、ありがとうございます。

ただ今、ご両人は当式場におきまして、厳粛にとどこおりなくご婚儀をあげられました。

まことに、おめでとうございます。ここに皆様方につつしんでご披露申しあげます。

展開

本日、私が直樹君と梨絵さんのご媒酌をお引き受けいたしましたのは、私と直樹君が小学校から高校までの同級生でありまして、梨絵さんは私どもの○○株式会社に勤務していただいておりまして、ご両人とも私とごく親しい間柄なのでございます。

実は、梨絵さんから直樹君と結婚をしたいので、ぜひ仲人をと頼まれましたときは、びっくりしました。直樹君とは高校卒業以来、お会いしていなかったものですから、どこでどうして二人は知り合ったのかを聞いて、実に驚くお話がありまし

ポイント

媒酌人自身の名前については、司会者からの紹介があったあとですから、必ずしも名乗る必要はありません。

ますので、新郎新婦のご紹介の中でご披露申したいと存じます。

直樹君は私と同じＫ県の生まれで、ただ今、三十五歳でございます。先ほども申しあげましたように、私と彼とは小学校からの同級生なのですが、高校を卒業して別々の大学に進学し、郷里を離れてからは、音信が途《と》絶《だ》えていたのであります。

一方、新婦の横山梨絵さんは、Ｔ県のご出身で、お父さんの転勤で中学三年から四年間ロンドンで生活、大学はＡ大学外国語学部卒業という、非常に英語に堪能《たんのう》でありまして、私どもの業界では外国とのビジネスも多いので、たいへん助かっている次第です。

私どもの会社は、女性社員を中心とした、女性の細やかな感性を生かす仕事をモットーにしておりまして、優秀な人材が結婚や出産してからも仕事が続けられるように、パートタイマーやフレックスタイムでも働けるようになっています。

梨絵さんも結婚してからも仕事を続けられるということで、安心して媒酌人をお引き受けした次第であります。

さて、お二人の出会いのきっかけですが、私どもの事務所は高層ビルの中にありますが、花婿はなんと、その高層ビルの窓からやってきたのであります。

私のデスクは、窓を背にしていますので、二人の様子には気がつかなかったのでありますが、直樹君は窓ふきとして登場したのであります。彼は、窓ふきのアルバイトをしながら、私どものオフィスの彼女の気をひくために、なにかとメッセージを送っていたようなのであります。

これは、あとでお二人に聞いたのでありますが、彼女はこう見えて勝気な性格ですから、「よし、こんな馬鹿なことをする男に注意してやりましょう」と思って、彼と会ったのだそうです。ところが、会って話をしてみると、彼とフィーリングがぴったり合ってしまったのであります。

彼は大学を卒業してから、いったんは会社に就職したものの、昔からの夢をどうしてもあきらめきれず、一念発起《いちねんほっき》して会社を辞め、アルバイトをしながら資格取得のための勉強に励んでいたのだそうです。

ある日、オフィスで梨絵さんのソワソワした様子に気づき、ふと窓を見ますと、そこに直樹君がいたというわけです。運命の赤い糸というものはほんとうにあるものだと、そのとき痛感いたしました。

それからというものは、私はご両人に結婚をすすめたのでありますが、今度は彼が首をたてに振りません。

ところが、先月、彼が見事資格試験に合格し、かねてからの夢であった業界への就職も決まったのであります。それをきっかけに、彼はとうとうプロポーズをしたのであります。そして、梨絵さんはそれをしっかりとお受けになったのです。

結び

ご列席の皆様、あとはこのすばらしいご夫婦を、心からお祝いするだけではありませんか。

大いなる拍手を贈ってください。

(拍手——)

どうもありがとうございました。

ご列席の皆様に、お二人のために幾久《いくひさ》しくご交際とご指導くださいますようお願い申しあげて、私のあいさつとさせていただきます。

結婚も政治も一日にしてならず

つかみ

本日は、石川、田原ご両家のご婚儀がとどこおりなく相すみまして、ここに皆様にご報告を申しあげますとともに、心からお喜び申しあげます。

皆様にはご多用中にもかかわりませず、かくもご光来《こうらい》をいただきまして、まことにありがとうございます。

ご両家ならびに新郎新婦になり代わりまして、厚くお礼を申しあげます。

このたびのご婚儀には、私ども夫婦が媒酌の栄に浴したのではございますが、実を申しますと、私どもはいわゆる頼まれ仲人でございまして、この良縁をおまとめになられた功労者は、小松文男夫妻でございます。

本席にいらっしゃいますので皆様にご紹介をいたし、高いところから恐縮でございますが、厚くお礼を申しあげたいと存じます。

申し遅れましたが、私、県議会議員を務めさせていただいております高山と申します。新郎の大輔君のお父様とは、大学時代の友人で、ともに弁論部に籍を置き、妙にウマが合い、肝胆相照《かんたんあいて》らす仲で、以来三十年以上のおつき合いをさせていただいております。

ポイント

今後の二人の生活設計に励ましのことばを贈ります。政治家のスピーチの場合、政治色をあまり出さないようにしましょう。

展開

とくに今回の選挙では、応援演説をお願いしてたいへんなお世話になり、おかげで圧倒的な票を集めることができました。そんな関係で、「今度は、大輔君の世話は俺がするよ」と冗談をいっていたのですが、うれしいことに冗談が真《まこと》になりました。

それでは型どおりではありますが、お二人のご紹介を申しあげます。

新郎、石川大輔君は、私の友人でもあります石川哲也氏のご長男として、○○年にＴ県に生まれ、Ｍ大学政経学部を卒業後、しばらくの間、私の事務所を手伝っていただいて、現在は区会議員をやっておられます。

現在二十八歳ですから、区会議員では一番お若いのではないかと思います。

大学時代には、あの強豪のＭ大柔道部にも籍を置いたというスポーツマンでもあり、質実剛健《しつじつごうけん》、正義を好むという、将来は国会議員へと、政治家としても前途有望《ぜんとゆうぼう》な若者でございます。

新婦、麻由さんは、田原義文氏の長女としてＭ県に生まれ、平成○○年にＳ

大学文学部を卒業されました。小さい頃から飛行機にあこがれて、学生時代から毎週の英会話、毎日一時間のスイミング、毎朝三十分のジョギングの努力が実り、キャビンアテンダントとして活躍なさっております。

先ほどご紹介しました小松文男様のご親戚にあたりまして、結婚してもキャビンアテンダントの仕事を続けることを条件としてプロポーズをお受けになったそうです。

また、趣味はお花と料理、特技は書道で、将来は師範の資格をとり、お子さんができたら自宅で習字の教室を開きたいという夢をおもちの、将来の生活設計もお考えになっているすばらしい女性でございます。

現在は平成の世でありますが、この元号は中国古典の史記《しき》にある「内平《うちたい》らかに外成《そとな》る」から採用されたと申します。これはいい換えれば、内、つまり家庭内をうまくおさめることができれば、外、政治家として社会を治めることができるとも読めます。ですから新郎にお願いしたいのは、すばらしい幸せな家庭を築きあげていただきたいということです。そのことが政治家としての志を成し遂げるための第一歩だと思います。

しかしながら、「ローマは一日にしてならず」ということばもございます。政治も一日一日のつみ重ねの活動が大事であるように、夫婦というのも、幸せを求めるための活動が大切です。

結婚生活も、愛しあい、はげましあい、いたわりあい、ときには反省もする、この継続こそが立派な家庭を築きあげる条件であります。

結び

どうか、本日ご列席の皆様におかれましても、今後とも末永くこの新夫婦にあたたかいご支援を賜りますようお願い申しあげます。

高いところから勝手なことを申しあげましたが、これをもちまして、私のごあいさつといたします。

どうか皆様も二人のために、ご助言やお励ましのお言葉を賜りたいと存じます。なお、本日は、まことに粗酒《そしゅ》、粗肴《そこう》ではございますが、二人の門出を祝って、時間の許すかぎり、ご歓談くださいますようお願い申しあげます。

両家と親しい間柄の場合

結婚生活とは育てるもの

つかみ

本日は、若い二人の前途を祝福するかのような快晴の好天気で、すがすがしい秋日和《あきびより》、まことに喜ばしい次第でございます。めでたいご婚儀の媒酌人として、ひとこと皆様にごあいさつを申しあげます。

皆様、本日はお忙しい中を、二人のためにご出席を賜りまして、まことにありがとうございます。両家の両親になり代わりまして、心からお礼を申しあげます。

新郎内野茂君と新婦川原真由さんは、当式場の神前におきまして、めでたく夫婦の盃《さかずき》を交《か》わされました。ここにつつしんでご報告申しあげます。

私は媒酌人の役を務めさせていただいております、田所雄一郎でございます。私ども夫婦は、内野、川原ご両家とはごく親しい間柄でございまして、媒酌人の大役を喜んでお引き受けした次第でございます。

展開

新郎内野茂君は、Ｔ県のお生まれで、Ｔ大学を平成○○年にご卒業、ただちに国家公務員試験をパスされ、外務省に入省され、今日《こんにち》に至っております。本年二十九歳。友情に厚く、責任感が強く、社会人としては誰からも好感をもたれる

ポイント

お祝いの席ですから、結婚生活に対する苦言は度が過ぎない程度にすることが大切です。お説教口調にならないように。

という、天性の美徳を備えている紳士であります。将来外交官として、世界の桧《ひのき》舞台で活躍される姿が目に見えるようです。

また、学生時代は、テニスの選手として活躍されるかたわら、音楽好きで、とくにクラシックを好み、自らもフルートを奏するという、優雅な趣味のもち主でもあります。

新婦の真由さんは、S県のお生まれで、A大学を本年三月にご卒業になったばかりでございます。スポーツは、新郎と同じようにテニスをやられ、今日《こんにち》まで何回となくお手合わせをして、愛を深めたもようでございます。

そもそも、お二人が今日《きょう》の日を迎えることになりましたのは、このテニス以前からでございまして、幼なじみが、成長して結ばれるべくして結ばれたといったほうがよいと思います。

実は、私の妻の佳子と新郎のお母さんの響子さん、新婦のお母さんの由起子さんは、高校時代の同級生でありまして、Y女子高の三羽ガラスといわれたほどの、よいにつけ悪いにつけての大の仲良しだったそうです。その三人娘が、高校を卒業するときに「お互いに結婚したら、毎年一回、家族も一緒に集まりましょう」という約束をしたそうです。そんなわけで私も集まりに参加するようになり、今日《こんにち》に至ったわけですが、そのうちに三人の家族には子どもができまして、子どものほうも毎年一回参加して、適齢期を迎えたのが、今日《こんにち》の新郎新婦なのです。

あいにく、私どものほうは晩婚でしたので、子どもがまだ小さく、それならばと、媒酌人の大役がまわってきたのでございます。

私ども夫婦は、小さいころからのお二人を存じあげていますので、媒酌人としてより、わが子が結婚したような気持ちです。そこで老婆心《ろうばしん》ながらひとこと申しあげます。

昔の人が、「結婚するのはたやすい。しかし、結婚生活をすることはむずかしい」といっています。情熱も必ず平静にかえります。バラ色の結婚生活も不足するものが目立ってきます。以心伝心《いしんでんしん》で理解し合えた心も感度がにぶってきます。新婦真由さんにしても、「これが日本の未来を背負う若手公務員の姿かしら」と疑いたくなることがあるかもしれません。

そんなとき、私が人生の先輩としていえるのは、「初心にかえれ」ということばです。二人とも目をつぶって、今日《きょう》の披露宴を思い出し、皆さんの喜びの顔を思い出し、未来に向かって誓い合った顔をまぶたに描いてください。きっと力がよみがえることでしょう。

生きる知恵というのは、いかにまわりの人が気を使いましても、どうにもなりません。本人たちが育てるものなのです。これから二人が、一生懸命その灯《ひ》を大切に育て、大きなあたたかい光にしていくほかはございません。

結び

高いところから勝手なことを申しあげて、まことに恐縮でございますが、二人の者がこれからの人生に対してご相談にあがったときは、どうか、教えてやってください。

両家のご両親になり代わりまして、また、私からもよろしく皆様にお願い申しあげます。これをもちまして、私のごあいさつといたします。

ありがとうございました。

一方の家と親しいの場合

ケンカの代わりに「ワン」と吠える

つかみ

ただ今、ご紹介をいただきました片岡でございます。媒酌人といたしましてひとことごあいさつを申しあげます。

このたび、日野翼君と田中成美さんのご婚儀に際しまして、私ども夫妻が媒酌の大任を果たし、新郎新婦のお二方を皆様にご紹介申しあげる光栄を得ましたことは、このうえない喜びでございます。

日野翼君と田中成美さんのお二人は、菊薫るこのよき日、先ほど神前において契《ちぎ》りを結ばれ、幾久《いくひさ》しく変わらないご決意を示されました。

ご両人はもとより、ご両家ご親族のご満悦はさぞかしと拝察いたし、心からお喜び申しあげます。

展開

さて、本日ご披露の席にご光来《こうらい》いただきました皆様には、新郎新婦のご経歴、ご性格などについては、よくご承知の方も多いこととは存じますが、しかし、中にはご承知のない方もあろうかと存じますので、一応ご紹介させていただきます。

俗に結婚相手の人柄は、そのご両親やご家庭を見るに如《し》くはないといわれていま

! ポイント

ユニークなスピーチは場の雰囲気をなごませてくれます。新郎新婦、どちらか一方の家と親しい場合も、できるだけ平等に紹介するように心がけます。

すが、私どもはかねてより新郎翼君のご両親、すなわち日野家のご家庭を十分存じあげており、ご両親の教育がとくにしつけに深く考慮を払われ、家庭においても規律を重んじられている点につきましては、常に敬服しておった次第でございます。

そんな家庭で翼君は日野一郎氏の二男として○○年に生まれ、T県立D高等学校からT大学法学部に入学、平成○○年三月同校を卒業し、同年四月○○株式会社に入社しました。現在は本社業務部に勤務し、中堅幹部として活躍中であります。

同君は資性《しせい》温厚のなかでも俊才《しゅんさい》のほまれ高く、在職中の成績も優秀で、信頼が厚く、重責を担い将来を嘱望《しょくぼう》されており、前途有為《ぜんとゆうい》な青年であります。

新婦の成美さんのご生家の田中家は、県内でも有名な老舗《しにせ》でありますが、伝統ある家業でありながらも時代感覚をとりいれた経営によって、いよいよ隆盛《りゅうせい》におもむいておられることは、ご承知のとおりであります。

成美さんは田中正次郎氏の長女として○○年に生まれ、A大学国文科を優秀な成績で卒業されました。幼少の頃より音楽の才能にめぐまれ、ピアノに堪能《たんのう》でおられるほか、華道、書道などに婦徳《ふとく》を磨かれた才媛《さいえん》であります。大学を卒業後は、自宅で家事の修行に励むかたわら、趣味のピアノで近所の子どもたちにレッスンをしておりました。

このように、ご両家ならびにお二人のきわめてお似合いのコンビネーションは、まことに相ふさわしい良縁であると存じ、私どもも心からお喜び申しあげ、媒酌させていただいた次第であります。

なお、老婆心《ろうばしん》ながらお二人に申しあげますが、結婚というものは男女が共同のゴールに向かって進む人生の二人三脚であります。

およそ夫婦である以上、程度の大小、頻度《ひんど》の多少は別として、ぜんぜんケンカをしないという家庭はありますまい。

ところでアメリカにこのような話があります。家を借りた青年が、大家さんの家のほうでよく犬の吠える声を聞きますが、一度も犬の姿を見たことがありません。そこで青年はどうして犬が吠えるのに姿が見えないのか聞いてみると、大家さんは、「私たち夫婦は腹が立ってどなりたくなると、どなる代わりにワンと吠えることにしています。だから私がワンと吠えれば、家内もワンと吠えかえす、お互いに吠え合ううちについおかしくなって笑い出してしまう。おかげで夫婦ゲンカはせずにすみます」と答えました。

まさか犬の鳴きまねもできませんが、怒りをおさめるのにユーモラスな方法を用意した点は参考になります。

結び

「初心忘るべからず」ということばは、まことに含蓄《がんちく》のある言葉でして、よく引き合いに出されますが、結婚生活においても大切な心がまえであります。今日《きょう》のお二人の感激を末長く保っていただきたいと心から願うものであります。今後の夫婦生活においては、よきにつけ、悪しきにつけ、この初心を忘れることなく、一貫した愛情と誠実をつらぬいていってください。

その意味からも、本日、ここにめでたく結ばれましたご両人の人生のスタートに際しまして、ご参会いただきました皆様方に末永きご後援とご鞭撻、ご指導を賜りますよう媒酌人として心からお願い申しあげまして、私のごあいさつとさせていただきます。

新郎の父親の友人
芸は身を助けるのたとえどおり

つかみ

ただ今、ご紹介にあずかりました松田信夫でございます。私と新郎の父とは親しい間柄でございまして、ぜひ仲人役を引き受けてくれとの依頼がありました。もとより喜んでさっそく承知いたしました。あとになって冷静に考えますと、たいへんな役を深く考えもせず引き受けたものだと後悔した次第です。

通常、頼まれ仲人というのは、新郎の勤める会社のそれ相応の上司と決まっているのに、と妻からも意見が出る始末《しまつ》。あれやこれや考えても後の祭り、さっそくスピーチ集を調べて勉強をしましたが、どうにも板につかないので、私なりの自然体で行こうと決心し、本日ここに出席させていただきました。

さて、新郎新婦の華燭《かしょく》の典は、先刻、無事つつがなくとり行われましたので、皆様方にご報告申しあげます。ご両人おめでとうございました。

展開

では、まず新郎の生い立ちをご披露いたします。

彼は○○年二月二十一日生まれの二十九歳、男兄弟二人の長男で両親の薫陶《くんとう》よろしきを得て、質実剛健《しつじつごうけん》と不言実行《ふげんじっこう》を実践する意志の固い好青年でございまして、

ポイント

順調なときよりも、逆境のときこそ、その人の真価が問われます。「長い人生には苦楽の連続がある」ということを、処世訓として伝えます。

なにごとに接してもけっして弱音を吐くことのない、我慢強い性格です。

これも小学二年生のおり父親に連れられ、剣道を習いはじめて、鍛錬《たんれん》の甲斐あって高校時代には二段の腕前になり、県体会の選抜にも出場、惜しくも敗れましたが、実力のほどはかなりのものでした。

また、大学時代には中国語を専攻、教科だけでは物足りず、中国語研究院に籍を置き、勉学一筋に邁進《まいしん》しました。「芸は身を助ける」のたとえどおり、世界各国を相手に貿易を行っている○○株式会社に激しい競争の末入社、現在、中国担当としてたびたび現地に出張しております。会社にとっては、将来を嘱望《しょくぼう》されている人材です。それに社内の誰からも好感をもたれており、行く末がほんとうに楽しみです。

続きまして新婦でございますが、彼女は○○年一月十九日生まれの二十六歳、一男二女の長女として、高校卒業後は両親の手助けと弟妹の面倒を見ながら、家業である割烹《かっぽう》店の経営に積極的に協力されておられました。とかく年頃の娘なら、仕事より遊びのほうに走り、親の意見などには耳を貸そうとしないものですが、ご両親の温厚篤実《おんこうとくじつ》な教育により、性格はきわめて素直で明るく、しかも同世代の娘さんには珍しく礼儀正しく、一見古風とも思える面をもっておられます。

また、洞察力と経済観念にも長じておられ、厳しい社会を乗り切るだけの資格を十二分に兼ね備えておられます。趣味としてはいろいろとありますが、とくに洋楽、ピアノに長じており、将来はピアノ教室を聞きたいという希望をおもちだとうかがっております。

本日を境にご両人はいよいよ名実ともに一人前になられたわけで、同時に社会的な責任も大きく、この点十分に認識され、より一層の努力向上を希望いたします。

終わりに苦言《くげん》を少し述べさせていただきますと、現在、自分がここに存在しているということは、実に親兄弟、親族、知人および皆様方のご協力、ご支援の賜物《たまもの》であるということを深く肝《きも》に銘じ、これからの人生を乗り切ってください。

人生とは順境と逆境との繰り返しでございまして、順境のおりは、とかくおごり高ぶり、慢心《まんしん》しがちで、また逆境の場合は嘆き悲しみ、落ち込みがちを常としています。しかし、先輩としてアドバイスさせていただきますと、順境のときこそ慎重に、用心して何事にも対処しなければなりません。反対に逆境にはじっと我慢して、心を強くもち、堪え忍ぶことこそ非常に肝要《かんよう》かと思います。

ご両人は晴れて一人前になったわけですから、これを機に、年長者や先輩からの諫言《かんげん》や忠告を、素直に受け入れる謙虚な態度が重要になるかと思います。重大な問題などは、夫婦相和して最善のコースを選んでください。

結び

最後にご列席の各位におかれましては、十分健康に留意され、一層の充実発展を祈念いたします。ご両人も本日輝かしい晴れの門出を忘れずに、皆様方のご厚情《こうじょう》に沿うべく、明るく幸福な家庭を築くためがんばりますので、どうかあたたかく見守ってやっていただきたいと思います。

とりとめのない雑駁《ざっぱく》なあいさつで申しわけありませんでした。ご清聴《せいちょう》ありがとうございました。

新婦の父親の友人

新しき門出に舞う花ふぶき

つかみ

桜の花も今がちょうど見頃、まさに春爛漫《らんまん》のよき日に、中島家、西川家ご両家のご婚儀がとり行われましたことは、まことにおめでたいかぎりでございます。

新郎中島拓也君、新婦西川奈緒さん、おめでとうございます。ここまでお二人をお育てになったご両家のご両親様にも、心からお祝い申しあげます。

また、皆様には、お忙しいところをお繰り合わせのうえ、かくも多数ご列席をいただきありがたく存じます。

先ほど、新郎中島拓也君と新婦西川奈緒さんが、当式場におきまして、めでたく永遠の愛を誓われ、新しいご夫婦となられましたことをご報告させていただきます。

私は、このたびのご両家の婚儀にあたりまして、媒酌の大役を務めさせていただきました谷本でございます。

展開

さて、新郎中島拓也君は、○○年、F県T市で書店を経営なさっておられる中島実さん、春子さんご夫妻の次男としてお生まれになり、県立T高校からT

ポイント

養子縁組の場合は、養子になる家庭への感謝を忘れずに述べることが大切です。
スピーチの締めくくりに自作の句などを述べるのもよいでしょう。

大学の機械工学科に進学、卒業後は○○株式会社に入社され、将来を嘱望《しょくぼう》されたエンジニアとして活躍されています。

一方、新婦の西川奈緒さんは、ご当地のO市で○○株式会社を経営されております西川秀太郎さん、和子さんご夫妻のひとり娘としてお生まれになり、お小さい頃から日本舞踊を習われているほか、お茶、お花などもお習いになっておられるたいへんに日本的なお嬢さんでございます。新郎の拓也君とは三つ違いでございます。

お二人がお知り合いになったのは、一年前、新郎が勤めております○○株式会社の創立記念の催しで、演芸大会が行われることになり、不運というか、いや、今となってみれば、そのことが新婦と知り合うきっかけになったのですから、たいへんに好運だったのですが、演芸を披露するはめになったわけでございます。

ちょうど新郎が勤めております○○株式会社の近くに日本舞踊の教室があり、演芸大会のためにその門をたたいた新郎が、そこに通われていた新婦の奈緒さんと出会ったわけでございます。

実は、新婦のお父さん秀太郎さんと私は、趣味の俳句仲間でございまして、西川家とは古くから親戚同様のおつき合いをさせていただいております。

三年前、私どもの愚息《ぐそく》が結婚をいたしましたおり、西川家ご夫妻にご媒酌をお願いいたしました。そのおり、「うちの娘のときは、君に頼むよ」とご依頼され、私もお約束をいたしておりましたため、不肖《ふしょう》私どもが今回の媒酌人を務めさせていただくことになったようなわけでございます。


しかし、いざ媒酌人をお引き受けしたものの、ひとり娘の奈緒さんは、お父様の経営される○○株式会社の大事な跡とりでもございますので、中島家へ嫁《とつ》がせるわけにもいかず、どうしたものかと思案いたしました。

そこで、中島家と養子縁組という形で、新郎の拓也君が西川家に入っていただくのが一番よい方法ではないかと考え、新郎拓也君、ならびに拓也君のご両親にご相談いたしましたところ、皆さんのご理解を賜り、快くお引き受けしていただくことができました。

そして、本日、西川拓也として西川家に入籍され、めでたく西川拓也、奈緒ご夫妻が誕生したような次第でございます。どうかお二人で力を合わせて、家業が今にもまして、ますます発展繁栄いたしますよう、がんばっていただきたいと思います。

結び

どうか、ご列席の皆様も、新郎新婦ご両人に、今までと変わりませぬ厚いご支援とご指導を賜りますことを、私からもよろしくお願い申しあげます。

最後に、はなはだ僭越《せんえつ》ではございますが、本日のおめでたき日を祝して、私のつたない句を披露させていただきます。

「新しき　門出に舞う　花ふぶき」

皆様、どうもありがとうございました。

媒酌人

神前結婚の場合

前途有為の二人のために

つかみ

沢田、服部ご両家の慶事に、私ども夫婦が媒酌の光栄に浴し、新郎新婦のお二人をご紹介申しあげることのできますのは、このうえない喜びでございます。菊薫《かお》る今日《きょう》のよき日を卜《ぼく》して、新郎真一君と新婦かおるさんは、神前において「夫婦の道に背《そむ》くことなく、誠心《せいしん》もちて務め励むことを誓いまつる」と誓詞《せいし》を読みあげて誓われ、ここに一組の夫婦が誕生いたしました。

まことにめでたく喜ばしい次第であります。

展開

新郎真一君は、沢田正夫氏、貴子さんのご次男で二十八歳になられます。平成〇〇年K大学をご卒業になり、目下《もっか》、大学の助手として残り、将来の教授を目指してがんばっておられます、前途有望《ぜんとゆうぼう》な青年であります。

在学中はテニスの選手として知られる一方、絵筆をもてば、なかなか味のある玄人《くろうと》はだしの絵をものにされるという、豊かな教養と情操を兼ね備えていらっしゃいます。

新婦のかおるさんは、服部家の長女としてお生まれになりました。K県立S

ポイント

多少堅いあいさつです。比較的年齢が高めの方によいでしょう。新婦の年齢については無理に述べる必要はありません。

高校からＡ専門学校に学ばれ、その自由な校風のもとにのびのびと才能をのばされ、目下、東京とミラノに設計事務所をもつ会社で、インテリアデザイナーとして立派な仕事をなさっております。

事務所がイタリアにあることから、英語のほかにイタリア語、フランス語、ドイツ語と五ヵ国語もマスターしたという努力家でもある才媛《さいえん》でございます。

かおるさんには弟さんが二人いますが、なにしろ服部家にとってはひとり娘ですから、お父様の和彦氏はこのお嬢様を目の中へ入れても痛くないほど、愛されていたと聞きおよんでおりますだけに、喜びの中にも、胸中複雑なものがあるのではないかとお察しいたします。

さて、そのお嬢さんのハートを奪ってしまった新郎真一君とのなれそめでございますが、それは高校卒業のときの修学旅行でＫ市へこられたことがはじまりだそうです。

見学コースの○○神社にきたときに、新婦かおるさんは友達にはぐれてしまいました。そして慌てて後を追いかけようとして石段で転んで足を捻挫《ねんざ》してしまいました。

そのとき、たまたま通りかかった新郎真一君が、かおるさんを背負って医者へ連れて行き、宿泊先のホテルまで送って行ったのでした。

まことにドラマチックな縁結びの神が、この○○神社であったことから、お二人は結婚式場をここに決めたとのことです。

愛を確認し合い、高められて今日《きょう》のよき日を迎えられたお二人は、まことに似合いのカップルであります。

これからは、お互いに今日《きょう》のこの喜びをかみしめて、協力し合って幸福な新家庭を築かれることを切に望むばかりでございます。

しかしながら、もともとは他人同士の二人が、愛の絆《きずな》を頼りに結婚生活をして、長い一生をともに過ごすのですから、よいときばかりではありません。風雨の日もあれば、木枯《こが》らしの吹きすさぶ日もあります。

そんな日のために、結婚生活の先輩としてひとこと、申し添えたいと思います。

すばらしい家庭とは、「愛と平和と調和に満ちた、日常生活に必要なあらゆるものが豊かに与えられている家庭」のことだと思いますが、これには自然の摂理《せつり》と一体となることが大切です。

すなわち、男性の本質が火であるとするならば、女性の本質は水であり愛であります。この二つが合わさることによって一切のものが完成するわけです。火と燃える男性に、水は流れながら、その柔らかさで包み込み、二つの力に調和をもたらすのであります。

日本人は、古来、大自然を神にたとえて文化を築きあげてきました。この自然の摂理を信じて、家庭を守っていけば、きっとすばらしい家庭を築くことができるでしょう。

結び

本日、両人の祝いにご出席を賜りました皆様におかれましては、どうか、この前途有為《ぜんとゆうい》の若夫婦のために、末永きご支援、ご声援をお願い申しあげます。

最後に、両家になり代わりまして本日のお礼を申しあげ、粗餐《そさん》ではございますが、どうか、時間までごゆっくりとお過ごしくださいますよう願いあげて、私のあいさつといたします。

仏前結婚の場合

お互い助け合って幸せな家庭を

つかみ

新郎村上裕樹君と新婦春菜さんのご結婚にあたり、媒酌という大役を仰せつかった渡辺でございます。このたびは村上、島田ご両家の皆様おめでとうございます。また、当披露宴会場にご列席賜りました皆様、ご多忙のところ、まことにありがとうございます。

本日、正午、当寺院の仏前におきまして、新郎村上裕樹君と新婦春菜さんがおごそかに結婚の儀をとり行い、めでたく夫婦になられたことを、媒酌人といたしまして、まずご報告申しあげます。

展開

それでは新郎新婦について、簡単にご紹介申しあげます。

新郎村上裕樹君は、Ｔ県で生まれ、本年三十歳、Ｋ大学を卒業後、市立Ｓ中学校で体育の教師をなさっています。裕樹君の祖母の正代さんと私が、実は、当寺院の総代をしている関係で、村上家とのおつき合いも古く、裕樹君のことは小さい頃からよく存じておりますが、たいへんに明るく温厚な性格で、学校でも生徒たちから慕《した》われているとのことです。

ポイント

仏前結婚の場合は、仏教の教えをうまくおりまぜながら新しい夫婦への励ましのことばとします。ただし、内容がむずかしくならないように気をつけましょう。

新婦春菜さんは、F県のご出身で、地元の高校からN短期大学に進まれ、卒業後は保育士として、現在M市の○○保育園に勤務されております。たいへんに子ども好きで、いつも笑顔をたやしたことのない明朗《めいろう》なお嬢さんです。

さて、お二人が知り合ったのは、老人ホームでのボランティア活動を通してとお聞きしております。二度、三度と顔を合わせるうちに、お話を交わすようになり、愛が芽生《めば》えたようなわけでございます。

仏教に因縁《いんねん》ということばがございますが、お二人がこうして一緒になれたのも、やはり、なにか因縁があったからではないでしょうか。

きっと、心の優しいお二人を、仏様が導いてくださり、お二人を巡り合わせて結びつけてくださったものだと思います。

そういう意味では、今日《きょう》ここにご夫婦になられたお二人は、実にお似合いのご夫婦と申すことができると思う次第です。

ご覧ください。当院の境内《けいだい》には、たくさんの石仏が並んで立っていらっしゃいます。

あるとき、私が境内で石仏を眺めていますと、当院のご住職が通りかかり、「人生は石材なり。仏の姿を彫るも、悪魔の姿を彫るも各自の心のまま」とおっしゃいました。

私はそのとき、ご住職のおっしゃったことの意味がよくわかりませんでした。そこで、後日、再び当院を訪れ、ご住職にその意味をおたずねいたしました。たいへんに立派な教えですので、今日《きょう》から新しい人生へ向かって出発なされる新郎新婦のお二人にも、ぜひ、お聞かせしておきたいと存じます。

人は生まれつき、その一生が決まっているわけではございません。誰でも生まれたばかりのときは、彫刻を彫る前の石材にすぎません。その石材を使って、どのような姿を彫ろうと、それはそれぞれ各自の自由です。

ただ、彫刻の石材は目に見えますが、人生の石材は目で確かめることができません。たえず模索《もさく》して、一歩一歩確かめながら彫り刻んでいかないと、とんでもない姿を彫ってしまうはめになってしまうのです。

これから家庭という大きな彫刻を築きあげていかれるお二人には、どうかこの教えを見習って、一歩一歩、ものごとの善悪をわきまえながら、立派な人生を送っていただきたいと思うのでございます。

人生という道のりは、いつも平和で楽な道ばかりではございません。ときには、さみしいこと、悲しいこと、苦しいことにも必ず出会います。そのときは、今日《きょう》の御仏《みほとけ》の前でのおごそかな式を思い出して、お互いに手をさしのべ、助け合って苦難の道を乗りこえていってください。

結び

本日ご列席の皆様も、この二人をいつまでもあたたかい目で見守っていただき、なにかのときには、心からのご支援を賜りますよう、よろしくお願い申しあげます。

これをもちまして、媒酌人のごあいさつを終わらせていただきます。

皆様、ありがとうございました。

スキーが縁で結ばれた二人

教会結婚の場合

つかみ

本日は、新郎浅野潤君、新婦加奈さんの結婚披露宴に、ご多用の皆様がかくも大勢ご列席くださいまして、まことにありがとうございます。

介添人としまして、はじめにご報告を申しあげます。

新郎新婦は過日、○○スキー場のそばにある、○○教会にて夫婦の誓いを立ててまいりました。

お二人の愛の芽生えた思い出の地でという、たっての願いで、私どもスキー仲間が参列してまいりました。白銀の輝く中を、ソリに乗って花嫁、花婿は教会へ。スキーヤーたちも声をかけてきて、あたたかい祝福を贈ってくれまして、たいへんすばらしい結婚式でありました。

私、未熟ながらお二人の介添役をさせていただきました、宮本研一と申します。

展開

浅野君が、私に加奈さんと結婚することになったので、媒酌人をやってくれと頼まれましたときには、びっくりしまして、「そんな大役は、もっと社会的地位のある立派な方にお願いするべきだ」と一度は断ったのですが、彼は、私が二人の

! ポイント

キリスト教結婚式の場合、参加者は全員式に列席できますので、当日披露宴をするときには、くわしい結婚式の報告は必要ありません。

結びの神なんだから、君をおいて頼む人はいないとしきりにいうのです。とくにスキーのできる人でないと困るというものですから、とうとうお引き受けすることにした次第です。

この、私が結びの神だといわれる理由を申せば、新郎新婦のなれそめのご紹介にもなろうかと存じます。

私と彼は、M大学の先輩、後輩の間柄でございまして、親友であります。私たちの母校であります M大学は高台にあり、近くの教会の鐘の音がよく響いてまいります。彼はその頃から、結婚式はチャペルの鐘の音を聞きながら、と考えていたロマンチストでもあります。

大学を卒業してから彼は出版社へ、私は銀行へと就職しましたから、同窓会で年に一回ぐらいしか会うチャンスはなかったのでありますが、昨年の冬、私の職場のサークル活動として、北海道へスキーツアーを計画したのですが、直前になって一人の欠員ができました。そこで、私が彼を思い出して強引に参加させたわけです。

ところが、彼は九州の出身で、スキーはそのときが初体験だったわけです。一方、新婦の山下加奈さんは、私のグループの一員として参加したのでありますが、スキーはやっとすべるだけ、という腕前でした。

スキー場の下のほうで、立つ練習をしていた浅野君に大事件が起きたのはこのときであります。加奈さんが上からすべってきたのですが、一直線でターンができません。彼は仁王立ち、彼女は直前に目をつぶってひっくり返りました。スキー板の先が、当然ながらはねあがります。その先がグサリ！　おそるおそる目を開けた彼女の目前で、彼のスキーズボンがするするとさがっていったのであります。キャーッ！　と彼女はまた、目をつぶったわけであります。

もちろん、浅野君がズボンをぬいだわけではありません。スキー板の突端が、スキーズボンのチャックを下から引きさいていたのであります。おりしも、○○教会の鐘の音が響き渡り、二人は主イエス・キリストの運命の悪戯《いたずら》を感じたのであります。

その後、二人の仲は急速に進み、出会いから一年目でゴールインとあいなったわけであります。

かく申す私も、スキーのサークルで妻を知り、つまりスキーに行ってスキになって結婚した組であります。

結び

なんとなく笑い話になりましたが、新郎は二十八歳、新婦は二十六歳、若い二人が新しい家庭を築き、新たに社会人としてスタートいたしますことは、人生のひとつの試練を迎えることになるかと存じます。この試練をつつがなく乗り越えていくには、両人はいかんせん若く、人生を生き抜く知恵もまったく未熟であります。

本日、ご参列の皆様の、それぞれに生きてこられましたお知恵を、お二人が困っているとき、それとなく授けていただけましたら、これにまさる支えはございません。新家庭の幸福のために、よろしくお力添えを、お願い申しあげる次第です。

二人の幸せを祝って、どうか、なごやかに、にぎやかに、ご歓談いただけますようにお願いして、介添人として、また友人としての、私のあいさつを結ばせていただきます。

親族のみの披露宴の場合

新郎の故郷へようこそ

つかみ

宮園浩司と依田亜美さんは、八百万《やおよろず》の神と先祖の御前《おんまえ》で無事婚姻の儀をとり行い、まことにめでたく、ここに新しい夫婦が誕生しました。

本日は、ご多忙の中を両名のためにご列席いただきまして、ありがとうございます。ことに、依田家の皆様方には遠路はるばるこの地までおいでいただき、お礼申しあげます。

本日、ご列席いただいた方々は、身内の方ばかりと申しますか、親族のみの披露宴でございますので、どうかひと息入れるようなつもりで、ごゆっくりとご会食、ご歓談くださいますようお願い申しあげます。

申し遅れましたが、私は、媒酌の役を仰せつかりました、新郎の伯父、宮園光正でございます。

展開

ここで、吉例により、新郎新婦の紹介をするわけでございますが、本席においでの方は、皆さんお二人に近しい方ばかりで、私がくだくだしく申しあげるまでもないと存じますので、ご存じないようなところを拾ってご紹介申しあげること

ポイント

身内を紹介するときには敬称を略します。遠来の来賓には、新郎の育った土地の紹介と案内も大切です。

にいたします。

新郎宮園浩司は、○○年、このＦ町に生まれ、県立Ｋ高校を卒業後、上京してＳ大学でソフトウェア工学の勉強をいたしまして、現在、東京でシステムエンジニアとして活躍しておりますが、この結婚を期に故郷に戻り、地元企業である○○株式会社にて勤務する予定となっております。

一方、新婦は、○○年、Ｋ県にて父依田文造氏、母真由美さんの次女としてお生まれになりました。ご覧のようにスタイルもよく、たいへんな美人でございます。実は高校を卒業されてから、東京の「○○座」という劇団で花形女優として活躍され、映画やドラマにも何本か出演されているスターでございます。

新郎は、最初のうちはいちファンとして劇団の公演を見に行っていたようなのですが、もっと親しくなりたいとチケットの販売などを手伝うようになり、そして、やっと新婦のハートを射止めたというところが本音のようでございます。

新婦亜美さんも、現代ではめずらしいような夫唱婦随《ふしょうふずい》の精神をおもちの女性でありまして、新郎が長男として、両親と一緒に住みたいという考えに賛同してくださいまして、人生経験豊かなご両親から、いろいろと〝人生の知恵〟を学びたいという謙虚なお気持ちで、劇団をやめて、新郎についてこの地で暮らす決心をされたわけです。

このあたりも、新郎の子ども時代は交通の不便なところでございましたが、今は新しく空港がそばにできまして、東京からでも一時間半です。

依田家の皆様方も、どうぞひんぱんに亜美さんの顔を見にきてください。

また、亜美さんも、上京したおりはよろしくお願い申しあげます。

結び

なお、本席をお借りしましたこちらの料亭「〇〇亭」さんは、現在四代目のご主人である喜弘氏が継いでおりますが、三代目のお父さんの寿一さんは私の父方の従兄でございます。

ですから、依田家の皆様方とも、遠く離れますが、親戚筋になったわけでございます。

この「〇〇亭」は観光ガイドブックや、テレビのグルメ番組などでも紹介されたことのある、地元の名店でございます。オープンが明治一六年という老舗でございまして、初夏のカレイ、夏のスズキ、秋のタイ、冬のフグと、海の料理は絶品でございます。どうぞ十二分に味わってください。

これをもちまして、仲人のあいさつとさせていただきます。

知っておきたい用語集

P32 臨席（りんせき）……会や式典などに出席すること。
P33 慈愛（じあい）……親が子どもをいつくしむような深い愛情。
嘱望（しょくぼう）……将来に望みをかけること。期待すること。
P35 鞭撻（べんたつ）……努力するように励ますこと。
粗酒粗肴（そしゅそこう）……粗末な食事と酒のこと。人にすすめる料理をへりくだっていうことば。
P40 僭越（せんえつ）……自分の地位や立場を越えて出過ぎた行いをすること。
P57 象牙の塔（ぞうげのとう）……学者などが研究熱心なあまり、現実社会と疎遠になることを指していうことば。
P64 華燭の典（かしょくのてん）……盛大で華やかな結婚式を祝していうことば。
P78 一念発起（いちねんほっき）……それまでの考えを改め、あることを成しとげようと決心すること。
P80 光来（こうらい）……他人を敬って、その来訪をいうことば。
肝胆相照らす（かんたんあいてらす）……お互いに心の底まで打ち明けて親しくつき合うこと。
P81 質実剛健（しつじつごうけん）……飾り気がなく、心身ともに強くたくましい様子。
P89 資性（しせい）……生まれつきの性質や才能。
俊才（しゅんさい）……人並みはずれてすぐれた才能。また、そのもち主。
婦徳（ふとく）……女子の守るべき徳義。才能を表立って見せることはせず、立居美しく、どこから見ても恥をかかないように振る舞うこと。
才媛（さいえん）……高い教養や才能のある女性。
P91 含蓄（がんちく）……表面には直接あらわれない深い意味や内容。
P92 薫陶（くんとう）……人徳や品位で人を感化し、よい方向に教育すること。
不言実行（ふげんじっこう）……あれこれいわずに、するべきことを黙って実行すること。
P93 邁進（まいしん）……恐れることなく、目的に向かって突き進むこと。
P94 温厚篤実（おんこうとくじつ）……穏やかな性格で情が厚く、誠実なこと。
P95 諫言（かんげん）……人の過失などを指摘して忠告すること。
厚情（こうじょう）……心からの深い思いやりの気持ち。
雑駁（ざっぱく）……雑然としていてまとまりのない様子。
P113 夫唱婦随（ふしょうふずい）……夫がいい出し妻がそれに従うこと。また、夫婦の仲がとてもよい様子。

CHAPTER 3

主賓・来賓のスピーチ

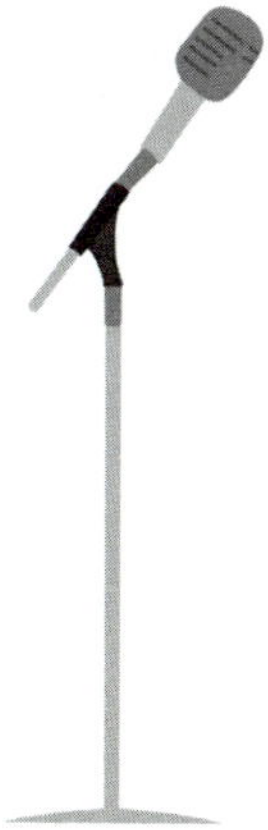

主賓・来賓のスピーチとは

結婚披露宴の招待客を来賓とよびます。一般的には、そのうち新郎新婦それぞれの側から一名ずつ主賓が選ばれ、来賓のスピーチの冒頭で祝辞を述べることになります。

ひと口に来賓といっても、その立場はさまざまです。新郎新婦の勤め先の社長や上司、恩師、または家庭との親交で招かれたものや両親の来賓など、無数の関係があるでしょう。立場は異なっても、結婚を祝福するという共通の思いはつらぬかれているものです。

しかし、その人の思想や社会的立場によって、ふさわしいスピーチの内容はずいぶん違ってきます。来賓としてのスピーチは、自分が招かれた立場を理解し、新郎新婦の門出に適した話題を選ぶようにしましょう。身近な職業を通じての立場からの祝福のことばは、聞き手にとっても理解しやすいものといえます。

たとえば、新郎新婦の勤務先の経営者であれば企業家らしいことばで述べます。両親の友人や知人の場合は、友情というものは親同士だけではなく、その家庭にもおよんでいるものですから、友人の子どもの結婚にはひとしおの感慨をもって述べるべきでしょう。また、師弟関係のスピーチは、とかく説教口調になりやすいものですが、くだけた口調で話しかけ、師弟の愛情がこもったスピーチをすれば、好感をもたれます。

結婚披露宴に出席するときの服装は、男性はフォーマルなスーツ、女性は既婚者は留袖、未婚者は振袖または中振袖。洋装なら、昼間はスーツやアフタヌーンドレス、夜間はカクテルドレスまたはイブニングドレスが正式の礼装です。

新郎の勤務先の社長

夫婦の語り合いを大切に

祝福と自己紹介　つかみ

①はなはだ僭越《せんえつ》ではございますが、ご指名によりまして、ひとことお喜びのごあいさつを申しあげます。

②本日の新郎新婦が、私たち夫婦の年齢になる頃は、堂々たる貫禄ある夫婦として、世の中で重んじられることでしょう。お二人が未来にも通用するような家庭を築いて、国家社会につくすという前途洋々《ぜんとようよう》たる希望と意志をもって、協力してがんばっていただきたいと願うものであります。

エピソードと励ましのことば　展開

③とにかく結婚した当初というのは、ただうれしいことだけで、なんだかふわふわした気分になっておりまして、いっこうに気持ちが定まらないと思います。しかし、どこかでゆっくり時間をとって、これからの夫婦の設計というものを、じっくり考える必要があります。

幸せになるにはどうするかというようなことは、誰でもそれぞれに考えていると思います。しかし、その中で一番大事なのは何だろうか、お金に代えられないものは何だろうか、ということ考えてほしいのです。

冒頭のことば　①参会者一同に対して、司会者の指名によってスピーチを行う旨を述べます。冒頭の「僭越ではございますが」ということばは、「皆さんより先にあいさつを述べるのは、まことに恐縮ですが」という意味で、主に主賓が使います。

祝福　②新郎新婦に対して、祝福や励ましのことばを述べます。

将来への励まし　③二人の門出にふさわしい心がまえを説くのもひとつの方法です。

ポイント

よいスピーチというのは美辞麗句をつらねることではありません。ほめことばばかりを並べるのではなく、真心を込めることが第一です。

私は、それは人生のもち時間だろうと思います。人生のもち時間というものは、誰もが差はなく同じなのです。ところが若いうちは、そのもち時間をとかく忘れてしまって、むだに過ごす時間が多くなるものです。そして年月が経って振り向いて、ハッと思ったときには、もう遅いのです。だから、私は、結婚をしたことをひとつの転機として、これからは夫婦のもち時間を大切にするということをおすすめしたいのです。

たとえば、一日を三等分して、寝る時間、働く時間、その他の時間と分けてみたとき、人一倍がんばるということが家庭の幸せに通ずるならば、それ以外の残りの二つの時間を、どうやってコントロールするかが大事だと思います。

④と同時に、もうひとつ大切なことは、夫婦は必ず朝か夜には顔を合わせるようにすることです。食事のあと、あるいはなにかのときに時間を見計らって、夫婦で話し合うことを習慣にすることです。これをおこたると、次第にヒビ割れが大きくなってうまくいかなくなるものです。相手の意見

指針となることば
④結婚の先輩として、幸福な家庭生活を送るためのアドバイスをするのもよいでしょう。ただし、説教口調にならないように注意します。

を聞き、自分の意見も話し、夫婦の切磋琢磨《せっさたくま》ということを心がけてほしいのです。

ただ、そういった夫婦の誠実な触れ合いの中で、うそはいわないということも私は大切なように思います。うそをいわない、隠しごとがないということは、夫婦生活を長く続けるためには一番必要なことだということを忘れないでください。

祝福とお礼　結び

⑤幸せというものは、二人で築くものだといいますが、不幸せも二人で招くものであると思います。幸せを築くためにもち時間を大切にして、夫婦がいつまでも話し合うことを忘れずにいるという二つのことを、今日《きょう》、結婚した二人のために私はおすすめしたいと思います。私は今、自分の人生を振り返ってみて、そう信じております。

⑥お二人の新しい前途に幸《さち》多からんことをお祈り申しあげて、お祝いのことばに代えさせていただきます。

期待
⑤二人の将来に寄せる期待を述べます。

結び
⑥最後に、簡単な結びのことばを述べます。

新郎の勤務先の商店経営者
夜道の灯を目指せ

つかみ

ただ今、ご紹介にあずかりました近藤商店社長の近藤勇造でございます。本日はご両家、新郎、新婦のご両人様、まことにおめでとうございます。

展開

新郎の岡本啓一君は、先ほどご媒酌人のお話にもございましたように、私どもの近藤商店に勤務しております。なんだ、新郎は店員かと、大企業にお勤めの社員の方、また公務員の方たちは思われるかもしれませんが、近藤商店は小なりといえども株式会社でございまして、社員たちは単なる店員ではございません。新郎の岡本啓一君は、企画課に所属し、私どもの店で扱う新製品の販売企画、販売促進のためのアイデアを考えているまじめな男でございます。

ただまじめというだけではなく、実に機転がきき、そして思いやりの深い好青年でございます。また不正を憎み、困っている人間を見捨てておけない正義漢でもあります。私はそういう彼を企画課に配属いたしましたが、その人柄には大いに期待しているわけでございますし、彼は彼なりに一生懸命職務に励んでおります姿を見て、また、今日《きょう》のよき日を待ちかねられたお二人のこのうえない美しい姿を拝見して、ご両人はもとより、ご両親のお喜びは、いかばかりであろうかと拝察いたします。

私は考えますに、人生には三つの大きな喜びごとがあると存じます。生まれた日と、結婚と、そして愛によって結ばれた子どもたちの誕生でございます。このうち、自分自身の誕生と、子どもというものは、自分で選ぶわけにはまいりません。このような家の、このような親たちの子どもとして生まれたいと願っても、それはかなわないことですし、このような子どもがほしいと思っても、どうすることもできません。

私のように、代々商人の、商家を守って後世に継いでもらわなければならない家の長男として生まれてきてしまい、好むと好まざるにかかわらず、商売を継がねばならないという使命を負ってしまう人間もあれば、不幸にもご両親を早く亡くされたりして、懸命な青春をお過ごしになる方、また一方では美しく頭もよく、なに不自由ない若い日々を過ごされる方もたくさんいらっしゃいます。

なにが正であり、不正であり、善であり、悪であるか、また、幸せであり、不

ポイント

スピーチの中であれもいいたい、これもいいたいと考えると、論点がわからなくなってしまいます。論点をしぼって話すことが大切です。

幸であるかは、すべて神様がお決めになることで、私たちは皆、神に与えられた場で、懸命に生き、その場で力のかぎり努力することが、一番大切なことではないかと思います。

結び

この二つに比べ、結婚の喜びだけは、自分で選ぶことのできる、たったひとりとの人生の他に類のない特典であります。せっかく愛し合われて晴れの日をお迎えになったお二人ですから、今後はご自分の場をしっかり見つめて生きていただきたいと思います。

私は、ひと筋の道をまっとうして歩く人を、より尊敬いたします。夜道に灯《あかり》を目指すように、手をとり合ってまっすぐ歩いてほしいと思います。末永いお幸せをお祈ります。

新郎の勤務先の工場経営者

「二人がひとつ」の意味

つかみ

今日《きょう》はお二人にとって、また、ご両家にとりましても、まことによき日でおめでとうございます。私は○○自動車工場の星野でございます。

展開

こんなたとえは、あまり感心したことではございませんが、花嫁さんというものは、ちょうど自動車の新車のようなものでございまして、花婿はこの新型の車を、これから磨きに磨きをかけて、上手に乗りこなしていただかなければ困ります。

とくに走行距離が二千キロほどまではあまりスピードを出したり、揺れのひどい悪路を無茶苦茶に運転したりいたしますと、車体に影響があります。後年《こうねん》これでガタが早く来ることに原因しますので、慎重に〝愛車精神〟を十分発揮して、毎日手入れをおこたらないでください。

花嫁も、誇り高き新型車でございますから、毎日ほこりにまみれて汚れていては、花婿に申しわけないことです。

本日同道しておりますこの私の車、老妻も今やオールド・カーになりましたが、三十年前には、他者をしのぐハイセンスなモデルカーで、人目を引いたものでご

ポイント

会場や両家の格式、出席の客層の問題もあるので、一概にはいえませんが、臨機応変の措置（そち）が、人々の心をなごませることもあります。

ざいます。また、ドライバーの私が上手に乗りこなしましたので、いまだにオーバーホールもせず、新車をしのぐ堅牢《けんろう》さで、型こそ古くはなりましたが、美しさも失わずにおります。

美しいお嫁さんを自動車にたとえて、まったく申しわけない話ですが、来年また型の新しい車がたくさん出まわることでしょうが、どうか新郎の吉田君も、目移りせず、変わらぬ愛を新妻に捧《ささ》げることを心からお祈りするばかりです。

ところで、古い日のことになりますが、年をとった者の記憶の引き出しからひとつだけ「はなむけ」にお贈りしたいことがあります。

かつて私も花婿になりました。実はもう少し勉強したいといって躊躇《ちゅうちょ》していましたときに、「勉強はなにも大学だけではない。一生が勉強の連続である」といわれて、私を決心に導いてくださり、媒酌を買って出てくださった先生が「君はこれから妻になる人とひとになって家をもつことになります。二人が一緒の出発です」といって話してくれたことがあります。それは、「ときには、妻が家事で疲れてイライラしていることもあるだろう。二人でひとつとすれば、その日の妻は○・

八ぐらいになっているかもしれない。それを見ずに夫も同じく○・八になって対すれば、二人合わせて一・六になり、○・六だけはみ出し、それがケンカやいざこざのもとになる。一人が○・八なら片方は○・二になる融通性をもたねば一生はうまくいかない。二人がひとつという意味はそこなのだ。○・五と○・五で一という平静を、毎日保つのはむずかしい。ときには○・三になったり、○・四になることが必要だ」ということです。

結び

今にして思えば私へのなによりの「はなむけ」だったと思います。これを聡明《そうめい》なお二人にお分かちしようと思います。

どうぞお二人が悔いのない日をおすごしくださるよう、心からお祈りいたします。

新郎の勤務先の病院長

今こそ巣立ちのとき

つかみ

新郎新婦ならびにご両家の方々に、心からお祝い申しあげます。新郎新婦はもとより、ご両家のご両親様には、さぞかしお喜びのことと存じます。

展開

新郎新婦は、今、新しい人生のスタートラインに立っておられるのでございますから、そういう点でお役に立てばと思い、私の好きな小説家、吉川英治氏の「祝いの句」をご披露し、本日のお喜びへの、はなむけにいたしたいと存じます。

二つありまして、ひとつ目は「菊づくり　菊見るときは　かげの人」。これは新郎新婦のご両親に捧《ささ》げる句でございます。結婚式の花形は、なんといっても新郎新婦でございますが、陰の主役は、若い二人のご両親です。宴会場の末席に頭を垂れ、さまざまな感慨と喜びを胸に秘めて、じっと座っておられます。そこへこの句は、パッと光をあてたということから、有名になったといわれております。

本来は吉川英治氏が、関西の菊人形大会に出席した際に、会場でひときわすばらしいできばえの平清盛《たいらのきよもり》の菊人形があり、多くの観客が声をあげて感嘆《かんたん》していたので、吉川氏もその前に立ちどまって眺めていたとき、一人の男の人が、その平清盛のかたわらにうずくまり、涙をぬぐっていたのです。わけを聞いてみると、清盛の菊人形を作った職人さんだとのこと。それを知って、吉川氏は「菊づくり……」とたちどころに句をものにし、それをその職人さんにあげたそうです。それが、結婚式当日の新郎新婦のご両親の立場と状況が似ているところから転用され、結婚式の祝いの句に使われるようになったというのです。

もうひとつの句は、同じく吉川氏の作で、若い二人にはなむけとする句でございます。それは「菊根分《きくねわ》け　あとは　自分の土で咲け」。意味は、もう二人は社会人として、一対《いっつい》の単位になったのだから、今までのようにご両親のスネをかじらないで、これからは自分の足で、しっかり大地をふみしめて立つように、ということでございます。

新郎の鈴木慎吾君も立派な医師として、私が院長を務めております病院に勤務し、美しいさやかさんを娶《めと》られ、今日《きょう》を門出として人生の行路《こうろ》を歩まれるわけです。お二人の魂の固く結ばれた愛情と、今日《きょう》までの自信ある経験と努力によって、たとえ前途にいかなる困難があろうとも、見事に克服して、目指す理想を達成させるであろうことは信じて疑いなく、まことに心強く、頼もしいことであると思っております。

結び

おりから秋の空は青々と晴れ渡り、陽《ひ》はさんさんと降り注いでいます。このよき日に吉川英治氏の句をご両親と新郎新婦に贈り、ご両家のご繁栄、新家庭のご多幸を切にお祈り申しあげて、お喜びのことばを結ばせていただきます。

なにはともあれ、本席にお招きいただきまして、お祝いのことばを述べさせていただき、感謝いたします。ありがとうございました。

ポイント

日本人は、一般的に、人の前に立ってしゃべることが苦手だといわれています。時間や内容をあらかじめ計算しておき、さわやかなスピーチをしましょう。

新郎の勤務先の店長

ゆずり合いの心で一歩ずつ

つかみ

本日は、好天気にめぐまれまして、伊藤哲哉君、佐々木麻里さんのご結婚式もとどこおりなく行われたとのこと、まことにおめでたく、心からお祝い申しあげます。

まだ若いと思っておりました伊藤君も、入社すでに六年、私の店になくてはならない中堅となっております。新婦の麻里さんとお会いしたのは今日《きょう》で二回目でございます。

展開

と申しますのは、ある日、伊藤君が麻里さんと二人でいらっしゃいまして「実は結婚するのですが、披露宴であいさつをしてもらえないでしょうか」といわれましたときには、私はびっくりいたしました。

伊藤君は、私どもの店で中堅でございますし、非常に頭もよく、人の気をそらさない細かい気配りをする人ですから、女子店員にはたいへん人気があり、伊藤君を獲得したいとひそかに情熱を燃やした女性も、一人や二人ではなかったと思われます。

ポイント

聞き手をつかむのは、臨機応変の心と、創意工夫に満ちた語り口です。大上段（だいじょうだん）に振りかぶるよりも、話はさりげないほうがよいでしょう。

しかるに伊藤君は、いつの間にか店員以外の麻里さんの心をとらえ、手中《しゅちゅう》におさめたわけでございます。しかも、店内では誰一人としてそれに勘づいた人間はいなかったのです。私をはじめ、店員が皆鈍感だったといえばそれまでででございますが、伊藤君、麻里さんはともに公私の区別を実にはっきりと守り、まことに立派というほかございません。

このように慎重な心配りと、若さと行動力をおもちのお二人ですので、結婚生活においても、着実に一歩一歩と歩み続け、堅牢《けんろう》な家庭を築きあげていくことでありましょう。

このお二人には、おめでとうという以外には何もことばはございませんので、私ども夫婦の体験をざっくばらんに告白し、お二人に参考にしていただければと思います。

私は東北の生まれで、ずっとそこに育ち、二十歳になって上京いたしました。一方、私の妻は三代続いた江戸っ子でございます。

今でも思い出しますのが、結婚式の翌日のおみそ汁。ちょうど秋頃で、みそ汁

つかみ

の中身はナスでした。私は実は、ナスのみそ汁を見たのはこれが初めてでした。クシャクシャッとして、なんとも食べられたものではありません。箸をつけないものですから、妻は半分ベソをかいてしまい、仕方なく二口ぐらい食べましたがダメでした。

「じゃあ何がお好き?」とたずねられ、「インゲンならね」と答えますと、翌朝はインゲンのみそ汁でした。私は喜んで三杯もおかわりをしましたが、彼女は食べていません。「アオくさくって、どうしてもダメ」というわけです。

結び

そのうちに、ナスに慣れ、インゲンになじみ、今では二人ともどちらもおいしく食べられるようになりました。それが忍耐か、慣れか、愛情の結果か、それはわかりません。結婚生活、あるいは夫婦生活もまた、そういうもののようで、お互いがゆずり、やがてなじみ合うようであります。どうか楽しい家庭を築いてください。

新婦の勤務先の部長

独創的な発想で幸福な家庭を

つかみ

新郎新婦、ならびにご両家の皆様、本日はまことにおめでとうございます。美しい花々が咲き乱れるこの季節に、美穂さんがご結婚されるということは、ほんとうにお幸せであると思います。

展開

本日のこの会場のテーブルの上に、偶然にも百合の花が飾られておりますが、これは美穂さんの好きなお花です。私は、この可憐《かれん》さの中に、美穂さんの思いもかけない独創的な大胆さを存じあげております。

いつでしたか、会社の一室で、美穂さんが生け花の講習を受けていたときのことです。定められた時間の中で生けるのですが、何人かの社員とともに生けていらっしゃった美穂さんの生け方は、私から見ても、それはそれは美しいものでございました。

ところが、生け終わった美穂さんは、しばらくじっと見つめていらっしゃいましたが、突然ほかの花を全部花器《かき》から出してしまい、百合の花だけにしてしまいました。それは流儀からはまったくはずれたことだったので、私はもちろん、指導してくださっている先生もかなり驚かれました。

でも、やがて、皆が生け終わり、指導の先生が一人ひとりに講評されたとき、美穂さんへの講評が最高だったのです。さすがに美穂さんもホッとされていた様子でした。指導された先生が、なぜあのような生け方をなさったのかとお聞きになったとき、美穂さんは、百合があまりにも美しかったので……とお答えになりました。

聞いていて、私は一種の感動に襲われました。私たちはどうしても型どおり仕事をし、型どおりに考えて生活をしています。また、そのとき同席して習っていた何人かの女性社員たちも型どおり生けていましたが、美穂さんは花の心を生けておられたのです。

このひとつの例からもおわかりのように、美穂さんはおしとやかである半面、独創的で大胆な性格ももち合わせている女性であることを、私は知りました。

ポイント

人間関係の基本と同じで、心を開いて相手に迫っていくのがスピーチです。最初のおじきひとつで話す人の人柄はわかるものです。

結び

新郎の荒川さん、また、ご両親、ご家族の皆様、美穂さんはこれからも、よそにはない立派な家庭を築くために、独創的で大胆な発想をして驚かれることがあるかもしれません。しかしそれは大きな気持ちで接していただき、美穂さんの夢を実現させるべく、ご協力願えれば幸せに存じます。

美穂さんも、私が皆様にお願いしたから大丈夫だと思わずに、分をわきまえながら、独創的で大胆なお気持ちをもち続け、お互いに豊かな愛情と深い理解をもって、あたたかい家庭をお作りくださるよう、お願いいたしまして、私のお祝いのことばとさせていただきます。

新婦の勤務先の課長

共働きでもいつまでも新鮮に

つかみ

上田瞳さん、ご結婚おめでとうございます。

私は、ただ今ご紹介いただきましたように、上田さんが勤めております○○株式会社の広報課長をいたしております、高田でございます。

展開

広報課、会社によっては宣伝課というところもございますが、いずれにいたしましても、会社の商品のＰＲ、広告の作成、ラジオやテレビ番組の提供、広告代理店との折衝《せっしょう》のほか、新聞・雑誌社など、いわゆるマスコミ関係者とのおつき合いも多く、一般事務とは違って、勤務時間も不規則なところでございます。

そうした課内にあって、瞳さんは実にキビキビと積極的に働く賢明な方で、対応にもソツのない社員だと、社内はもちろん、瞳さんと面識のある社外の人たちにも好評で、私も自慢しているのでございます。その瞳さんから「結婚することになりました」と、一ヵ月前に話を聞かされましたときには、愕然《がくぜん》といたしました。

と申しますのは、私の自慢している女性社員が、戦列から一人減るのではないかと思ったからでございます。結婚して会社をやめるかもしれないということは、

ポイント

スピーチは三分までを目安にまとめましょう。それ以上長くなると、聞いている人も内容がつかみにくくなってしまいます。

私の課に転属されてきた当初から、頭のすみになかったわけではありません。しかし、まだ入社して五年目、私の課に配置替えになってから二年、あまりにも短い期間でした。

そこで彼女を近くの喫茶店に誘い、詳しく聞いたところ、新郎の大野さんは営業職。ご両親はご健在で、弟さんと一緒にご商売の経営にあたっておられるとのこと。瞳さんご自身も共働きを希望しておられるとのことで、大野さんご一家にはまことに申しわけないとは存じますが、私はホッと安堵《あんど》の胸をなでおろした次第でございます。

と同時に、瞳さんには、家族と仕事の両立のむずかしさを語り、共働きには女性の目を社会に向けさせて、いつまでも新鮮な妻であってほしいとの大野さんご一家の願いがあることをお話しいたしました。

本人も、十分それを心得て、本日の華燭《かしょく》の典《てん》に臨《のぞ》み、新郎の大野さんの隣に座り、神妙《しんみょう》な顔つきで今までの多くのご祝辞を聞いているわけでございますが、新婚旅行から帰ってきたならば、本来のようにキビキビと積極的に、ソツのない応対をする彼女の姿が皆様のお目にとまることと存じます。

会社で働くときも、今までの上田姓が大野姓に変わるだけで、性格は従来のままで勤めていただけるものと課員一同は期待いたしております。

結び

上田さん、いや、今日《きょう》から大野さん、皆様のご期待を裏切ることのないように、いつまでもお幸せに、また、誰からも愛される瞳さんであってほしいと念願いたし、お祝いのことばとさせていただきます。

本日はご招待をいただき、ありがとうございました。

新婦の勤務先のショップ経営者
今日からが人生の「二人三脚」

つかみ

ただ今ご紹介にあずかりました田辺英二でございます。

このたびは真衣さん、ご両親様、ほんとうにおめでとうございます。

私どもの店では、スタッフの八割が女性でございまして、それも皆学校を卒業したばかりの二十歳前後のお嬢さん方ばかり。それで、私はいつも大切な嫁入り前のお嬢さんを親御さんからおあずかりしているという気持ちでスタッフに接してまいりました。ですから、私はスタッフに対して日常のあいさつ、ことばづかい、服装のあれこれに口出しをいたしまして、まだ若い彼女たちにとりましては、さぞうるさい、わからずやのおやじとうつっていることでございましょう。

展開

身についた習慣というものは、一朝一夕《いっちょういっせき》に変えられるものではございません。時代は変わったといえども、いざ結婚するとなったときにあわてて習おうとしても、もう遅いのです。

新婦の真衣さんは、そんな私の口うるさい小言にいつも素直にうなずいてくれる人でした。私が、ちょっとやかましくいいすぎたかなと思うようなときでも、次の日に会えば必ず「おはようございます」とていねいにあいさつしてくれます。けっしてすねたり、反抗的になったりというようなことのない人でした。

うかがうところでは、真衣さんは結婚後、新郎の浜田さんのご両親とご一緒に住まわれるとか。世間では、嫁、姑の問題がかまびすしく論じられておりますが、真衣さんならば、必ずやご両親と仲良く暮らしていかれることは間違いないと確信いたしております。

結び

どうぞ、これからも今日の感激を胸に秘め、「初心忘るべからず」を肝《きも》に銘じて、新しい生活に早くとけこみ、幾久しく仲むつまじいご家庭を営《いとな》まれることを祈っております。

「千万人の男性に勝っても、亭主には負けるのがよい」、これは私の好きなことばでありますが、これを新婦の真衣さんに贈りたいと思います。

また、美しく素直な真衣さんを妻とされる浜田さんは、どんなにお幸せのことと存じます。

ポイント

披露宴の主役は新郎新婦であり、来賓はその脇役です。脇役の役どころは主役を引き立てること。立場を忘れないようにしましょう。

昔の人が「人生は重き荷物を背負って、遠き道を行くがごとし」と申しました。浜田さんのことでございますから、さまざまなご用意も万端《ばんたん》整っておられることと存じますが、お二人は、今日から人生の「二人三脚」のスタートを切ったわけでございます。お二人の呼吸を合わせて、めでたく銀婚式、金婚式、いや、ダイヤモンド婚式までお迎えくださるよう、お祈りいたしてやまない次第です。

本日は天候は荒れ模様でございますが、披露宴のここばかりは平安と喜びに満ち満ちております。人生の嵐にあわれても二人で協力して乗り越えていかれることを期待いたします。

職場結婚の場合の勤務先社長

共働きでも公私の別を守って

つかみ

菊薫《かお》る今日《きょう》のよき日に新郎の西村登君と新婦の長谷川彩香さんが、おごそかに婚礼の儀をあげられたとのこと、まことにおめでたく、ご両人ならびにご両家の皆様方に心からお祝い申し上げます。

展開

新郎の西村君は、ただ今ご媒酌人からご紹介がございましたように、わが社に入社してすでに九年、今ではなくてはならない中堅社員となっております。

一方、新婦の彩香さんも、当社で本社の受付として四年、わが社の顔として、毎日たくさんのお客様の応対にあたってこられました。

彩香さんはご覧のように美しく、非常に頭がよいうえに細かい気配りをする方ですから、男性社員にもたいへん人気があります。彩香さんと結婚したいとひそかに考えていた男性社員は大勢いたのではないかと思われます。

その苛烈《かれつ》な競争の中で、西村君がいつの間にか彩香さんの心をとらえ、本日の華燭《かしょくてん》の典を挙行するに至ったわけでございます。この件に関しましては、私のところに二人がまいりまして、実は結婚することになったので、披露宴のあいさつ

ポイント

スピーチは「能弁よりも訥弁の雄弁」を心がけましょう。ことばだけではなく、立ち居振る舞いや顔つきに真心があらわれていれば、相手に自然に伝わるものです。

をしてほしいといわれるまで、私はうかつにも全然気がつきませんでした。鈍感な社長といわれても仕方がございませんが、西村君と彩香さんは、ともに私にも知られないようにと周囲に気をつかうほど、公私の別を実にはっきりと守り、まことに立派というほかございません。

このように、慎重な心配りと、若さと行動力をおもちのお二人です。結婚生活においても、着実に一歩一歩すすんでいくことでありましょう。

話によれば、結婚後も共働きで当社に勤務されるということでございます。二人は愛し愛されて結婚したのだから、家庭だけでなく会社内でも一緒にいたいという気持ちは十分にわかります。しかし、夫婦になられる前のように、社内では周囲に十分気配りをしていただきたいと思うのは、私ばかりでなく、全社員が望んでいることであります。どうぞそのことをお忘れなく、仕事に励んでいただければと思います。

「富《ふ》にある道を知り、貧しさにある道を知る」という聖句がありますが、これは、その与えられた立場に生きられない人間は、どんな立場に変わっても、その場に生きていかれないのだ、ということを教えています。夫は夫としての道を、妻は妻としての道をまっとうしてこそ幸せもくるし、充実した人生を送れるという意味です。

結び

愛し合われて晴れの日をお迎えになったお二人ですから、今後は仕事の立場、家庭にいる立場をしっかり見つめて、夫婦の範を示してくださると確信いたしております。

お二人の幸せを心からお祈りして、私のあいさつといたします。

職場結婚の場合の勤務先部長

福祉で結ばれた二人に

つかみ

このたびは大村、佐山ご両人の結婚ご披露宴にお招きを賜り、まことにありがたく、つつしんでお祝い申しあげます。

展開

新郎の大村剛志君は、さきほどご媒酌人のお話にもありましたように、私どもの○○区役所に勤務いたしております。公務員と申しますと、いわゆるまじめな、融通のきかない人間をご想像になるむきもあるようでございますが、剛志君は、まじめはまじめでありますが、実に機転がきき、そして思いやりの深い男であると同時に、不正を憎み、困っている人間を見捨ててはおけないという正義漢でもあります。

役所もこのあたりのところをちゃんと見ているのでありましょう。彼を福祉という住民サービスの第一線の舞台につかせまして、その人柄に大いに期待しているわけでございます。

高齢化社会を迎え、人間的なもの、大地にしっかりと根をおろしたあたたかさのようなものを、人々が求める気運が高まってまいりました。福祉もそういったかけ声の中で、非常に重要視されてまいりまして、とくにお年寄りの問題、あるいは母子家庭、あるいは保育園の待機児童の問題など、問題は山積しております。

大村君は、こうした問題に真正面から取り組み、着々と成果をあげているようでございます。福祉課には、毎日、何人となく、困った問題を抱えた人たちがやってきます。そうした人たちに、大村君は、実に愛情深く、ていねいに接しておりまして、お年寄りの中には「区役所でこんなに親切にされたのは初めてだ」と、涙を流して喜ぶ人もいます。

大村君は、ときとして、問題のあまりの深刻さに、自分の無力さをつくづく感じることもあるようでございますが、しかし、またすぐに気を取りなおして、自分のできるかぎりの力で精いっぱいやろうと努力しているようでございます。

新婦の小百合さんとは同じ区役所でも課が違いますが、学生時代からボランティア活動をされていた関係で、大村君と知り合ったとうかがっております。

このような福祉問題を通じて知り合い、これからは晴れて夫とよび、妻とよばれて新生活をスタートされるわけでございます。どんなにか、今日《きょう》の日を待ちこがれておられたことでしょう。このような二人が、必ず幸福な家庭を作り、そして、人のためになれるような社会作りに励まれることを、私は願ってやみません。

結び

こうしておそろいのところを見ましても、まことにお似合いの夫婦。私たち夫婦にも、こうした新郎新婦のときもありましたが、三十何年もたってしまうと旧郎、旧婦で、あまりパッといたしませんので、このへんでお二人の門出をお祝いするあいさつを結ばせていただき、若い世代の方へバトンタッチいたしたいと思います。

本日はご両人、ほんとうにおめでとうございます。

ポイント

スピーチとは語ることですが、「読、書、考」の三拍子がそろっていることが大切です。人の書いたものを読んで考え、まず草稿を書いてみましょう。

職場結婚の場合の勤務先課長

「自然界の法則」を基準に

つかみ

今日《きょう》は、ご両家のたいへんおめでたい席にお招きいただきまして、光栄に思っております。新郎新婦ならびにご両家ご一門の方々に対しまして、心からお喜びを申しあげます。

先ほど、控え室で幾人かの方からうかがったのでありますが、ご両家のお身内《みうち》はもとより、ご列席のお客様のほとんどが農業に関係のある方のようですので、ちょっぴり稲の話をさせていただいて、新生活をスタートされるお二人へのはなむけといたしたいと存じます。

展開

稲の一穂につく粒数は、だいたい百か百二十が普通で、二百粒近い実りが見られるのは、それこそ「穂に穂が咲いた」大豊作。こんなことは、めったにないというお話でございました。私も職業柄、全国あちこちで見聞きいたしておりますが、だいたい平均しておりまして、このへんが稲作の常識のようでございます。

ところが、ほんとうを申せば、稲は一穂に千粒実るだけの自力をもっているのだそうです。穂ばらみ期に、あのサヤの中の幼い穂をとり出して顕微鏡で調べて

ポイント

スピーチは会話とは異なり一方的になりがちです。聞き手の立場を尊重し、なにに関心をもっているのかを推察し、独走しないようにします。

みますと、どれもが例外なく、千粒ぐらいのものをちゃんと備えているものだということを、以前、ある大学の農学部の先生からお聞きしたことがございます。千の力があるものを、たったその一割か一割二分、二割もいけば上の上だなんていうのは、農業というものが不思議なようにみえるかもしれませんけれども、これが生きるものの自然の姿ではないでしょうか。

私はタラコが好きで、食べるときによく思うのですが、もし、すべてのタラの卵が全部かえって魚になるとしたら、三年か五年で世界中の海がタラでいっぱいになるのではないかと。しかし、そうならないところをみますと、自然界にはひとつの法則があると思います。人間も結局はこの自然界の一生物なのですから、同じ法則に支配されていると考えなくてはなりません。

そこでご両人、あなた方の胸の中には、今、千粒の夫、千粒の妻の姿が思い描かれていることでしょう。しかし、これから新婚の甘い時期をすぎて、世間の風雪の中に穂を出すことになりましたならば、もうお互いに自然の法則どおり、一割二分なら普通、一割五分なら上、二割なら上の上という基準で、夫あるいは妻を眺めるようにしていただきたい。十のうち二つできれば豊作だと思っていたならば、不平や不満はないと思うのですが……。

結び

私の親しい農家の人の田を視察された役所の方が「土壌の機能と稲の生理をきわめた農業人」といったことがありますが、私の知人は「在来の農法には、人間が、これでよいとか、これがよいとか、勝手に決めて稲に迷惑をかけていたことがずいぶんあります。私は拝《おが》んで作りますから、拝みたくなる稲ができるのでしょう」といって笑っていました。

今日《きょう》のお二人にこのことばをかみしめていただき、そして七割夫婦、八割夫婦の可能性も、ご自身の中にあることを忘れないでほしいと申しあげたいのです。

職場結婚の場合の勤務先店長

新しい家庭の味を

つかみ

本日は原田雄太君、宮崎奈々さんのご両人のご慶事《けいじ》にお招きにあずかり、ご祝辞を申しあげますことは、まことに光栄に思います。

結婚という人生の門出、これはどこの国でも、皆、新たなカップルにお祝いのことばを述べます。ですから私も、新郎新婦に心からのお祝いを申し述べたいと存じます。

展開

ただ今、ご媒酌の佐藤様から、原田雄太君と宮崎奈々さんのご婚儀がめでたくとり行われましたことをうかがって、私ほか当店のスタッフ一同、心からお喜びを申しあげる次第でございます。

お二人が相思相愛の仲でありましたことは、ご媒酌の佐藤様のお話にございましたが、この日、このときを一日千秋《いちじつせんしゅう》の思いで待ち続け、本日、晴れて新しい人生のスタートをなさるお二人のお喜びは、いかばかりかと存じあげます。

また、お二人を手塩にかけてお育てになったご両家のご両親、結婚と同時に巣立ちゆくわが子を見送るお気持ち、私も子をもつ親の一人としてお察し申しあげます。

愛情は、育ちもすれば枯れもするものであります。植物と同じように丹精《たんせい》を込めて、水をやり肥料を与え、太陽にあてれば、次第に成長していくことでしょう。けれども、手入れをせずに放っておけば枯れはててしまいます。

お二人の愛情が、きっとすくすく育って、大きな幹となり、たくさんの花となり、実となって、多くの人たちをうるおすことを、私は願ってやみません。

ここで老婆心《ろうばしん》ながら、ひとこと注文を申しあげれば、雄太君には、妻に対する思いやりと感謝の念をいつも忘れないようにしてほしいということであります。

新婚の甘い蜜月《みつげつ》の時期は結婚の本質とはほど遠いものといわねばなりません。長い年月の間には雨も降れば、嵐のときもあるでしょう。逆境におかれたとき、お互いの愛情をつなぎとめるのは、思いやりと感謝の気持ちではないでしょうか。

また、奈々さんはたいへん料理がお得意とうかがっておりますので、ぜひとも新しい家庭の味を作りだすことをお願いいたします。夫がもっとも喜ぶのは美貌でも美しい衣装でもなく、食事の味であるといわれております。これからは雄太

ポイント

スピーチの表現はわかりやすさを大切に。自分の考えやいいたいことを整理してから、口を開くようにしましょう。

結び

君の好みにも合わせた、借りものではない家庭の味を作りだしていけましたなら、より一層、雄太君の心はしっかりと奈々さんのものになっていくことでしょう。

どうぞ末永く、お互いが深い愛情をもち続けて、幸せなご夫婦となられますよう、そのためにも、今日《きょう》の感激をいつまでも大切にしてくださるよう念願いたします。

新郎の父親の勤務先社長

相手を理解する気持ちを

祝福と自己紹介 つかみ

①今日《きょう》は、ご両家のたいへんおめでたい席にお招きいただきまして、光栄に思っております。新郎新婦ならびに両家ご一門の方々に対しまして、心からお喜び申しあげます。

②私は、新郎のお父さんの大森さんとは、同じ会社の役員として長年苦楽をともにしているものですが、私のほうが大森さんよりちょっと先輩、それからまた、三ヵ月ほど前に私も娘を嫁《とつ》がせましたので、子どもの結婚ということに関しましても、私のほうが多少先輩です。

エピソードと励ましのことば 展開

③娘を嫁がせましたところ、まわりの方から、寂しいだろうとか、大任をはたしてホッとしただろうとか、いろいろなおことばをいただきました。確かにご指摘のような気持ちもありますが、娘を結婚させたということは、今までに経験をしたことのない性質の喜びであります。

ちょうど、庭のすみなどで、大きい親の木のそばに、小さな子どもの木が生えているのを見るのと同じように、自分のそばに非常に初々《ういうい》しい若い

祝福
①新郎新婦や両家の両親に対してお祝いのことばを述べます。

自己紹介
②自分と、新郎新婦との関わりを簡単に述べます。特に新郎新婦の両親とのつながりによってスピーチする場合は、立場をはっきりさせるためにも自己紹介が必要です。

エピソード
③披露宴の主役は新郎新婦ですから、両親とのエピソードを長々と話すのではなく、子どもの結婚に臨む親の気持ちに寄り添った内容にする。

ポイント

自分がどういうつながりで出席しているのかという立場を忘れないこと。
これを無視すると、皆同じような話になってしまいます。

木が一本生えてきた、自分から独立している、しかし自分とは無関係ではない若い木を見て、なんともいえない特別な喜びを感じるわけであります。
先輩面をして申しあげますけれども、大森さんもまた、そうした喜びを今日《きょう》からおもちになるわけで、ほんとうにおめでたいことであろうと思います。
④それから、初々しい若い木の新郎新婦に対して、私から申しあげることがあるとすれば、一生というのはたいへん長いのでありますから、できるだけのんびりとおやりなさるのがいいのではないかと思いますが、その中に、相手を理解する気持ちをもち続けていただいたなら、長い一生を渡っていくのに一番いいのではないかと思うのです。
「相手を理解する」とひと口にいいますけれども、これはたいへんむずかしいことで、なかなか理解できるものではありません。しかし、理解しようとする気持ちさえ一生おもちになっていたならば、どんな問題も処理されていくのではないかと思います。

将来への励まし
④新夫婦の門出にふさわしい心がまえやアドバイスを贈ります。

祝福とお礼 結び

小説やドラマでは、相手の気持ちをわかろうとしない、あるいはわかろうとする努力をおこたっている男女の主人公が登場して悲劇を展開しますが、新郎新婦はそんな主人公におなりになる必要は全然ないのですから、どうぞ生涯にわたって長い間、相手の気持ちをわかろうと努力する態度を、お二人がおもちになることを、心から切望いたします。

⑤新婦の奈津美さんには、今日《きょう》初めてお目にかかりますが、新郎新婦、こうしておそろいのところを見まして、まことにお似合いのご夫婦。夫婦というものは、いわば縁というものかもしれません。出会いはどうでもよろしい。問題は、一緒になってから、いかに努力し合うかということであろうかと存じます。

⑥どうぞお二人がお幸せなご家庭を築かれますよう、お互いの気持ちを理解し合い、助け合っていかれることを念願いたしまして、私のあいさつといたします。

期待 ⑤新郎新婦の人柄や才能などをたたえ、二人の将来に寄せる期待を述べます。新郎新婦のどちらかとしか面識がない場合でも、相手方についても述べるのを忘れずに。

結び ⑥最後に、簡単な結びのことばを述べます。

新郎の父親の取引先社長

真実に徹し、信義を守れ

つかみ

本日は、まことにおめでとうございます。このおめでたいお席にご招待いただきまして、光栄の至りに存じます。

佐山社長とのおつき合いは、たいへん古うございまして、本日ご結婚されるご長男が、お生まれになる前後ではないかと記憶いたしております。

展開

本年、二十八歳になられたとかうかがいましたが、ご子息のご成長とともに、事業の発展もすばらしく、会社のお名前は現在世界の有名ブランドのひとつとして、誰知らぬ者はないほどでございます。

ご子息はまだお若いのに、すでに専務取締役として、八面六臂《はちめんろっぴ》のご活躍をなさっておられますが、その明朗な風貌に接しまして、私がしみじみと感じましたことは、後継者の育成が困難だといわれている現代、佐山社長はなんとお幸せな方であろうかということでございました。

そして、その宝にも優《すぐ》るお子様のご結婚式をご覧になるお心のうちを推察いたしますと、私までが感激でいっぱいでございまして、ありきたりのお祝いのことばでは、とうてい、いいあらわすことのできない気がいたします。

ご子息がご立派だということは、お父様がその鑑《かがみ》となられたからでありましょう。そしてそういう方のおめがねにかなって、今日《きょう》のよき日を迎えられた新婦の真佐美様も、お美しいと同時に、才たけてお優しい方と信じております。

どうかお二人とも、世界一幸福な夫となり、妻となっていただきたいものでございます。

人生航路波高しと申しますが、それを乗り切っていくために必要なものとは、健康かつ強い意志、なによりもお互いの愛であろうと存じます。財産も結構、地位や仕事も大切でしょうが、人間の幸福に一番大切なものは、悩みのない平和な家庭だと思います。その家庭の幸福を保つためには、うそ偽りや、かくしごとは、絶対に禁物だと私は申しあげたいのであります。

うそ偽りが夫婦いずれの側にあろうとも、いつかは、きっとばれるときがまいります。ばれるときはお互いの信頼が失われ、愛情はその根底を揺さぶられるときであります。

! ポイント

披露宴では、性別、年齢、職業の異なるさまざまな人が聞き手になります。スピーチにはわかりやすいことばを選びましょう。

結び

失われた愛情と幸福に代わって登場するものは、小説にあるような悩みと争いでございます。誰でも好んでその主人公になろうとは望まないでしょう。真実に徹してこそ夫婦の愛情、家庭の幸福は永遠に続くのであり、さらに人とまじわり、世に処するうえにも、あくまでも真実に徹し、信義を守っていくならば、おそらくその先、その功徳《くどく》は広大にして無辺《むへん》だと信じます。

佐山社長の事業のますますのご発展と、新郎新婦の幾久しきご幸福をお祈りいたしまして、あえて所信を披瀝《ひれき》してご祝辞に代えた次第でございます。ありがとうございます。

新郎の父親の大学友人

結婚生活はお茶漬けのように

つかみ

本日は、鈴木家、大岡家のご婚儀、まことにおめでとうございます。ご両人のお喜びはもとよりのこと、ご両家のお喜び、これにすぐるものはないと存じまして、心からお祝い申しあげます。

私は、ただ今司会の方からご紹介がございましたように、新郎のお父様と大学で机を並べ、スポーツに汗を流し、お互いの結婚式には出席して、今日でも新郎のご一家とは親戚同様につき合っている者でございます。したいがまして、新郎の大樹君は幼少の頃からよく存じあげております。

展開

このたび大樹君が華燭《かしょく》の典《てん》を挙げられるに際しても、お父様からお話をうかがい、また多くのご来賓、お友だちに囲まれて祝福されておられる大樹君と新婦由美子さんのお二人を拝見いたし、わがことのようにうれしく「大樹君、よかったね。ほんとうにおめでとう」ということ以外には、なにを申してよいのやら、ほかにお祝いのことばを知りません。

しかし、新郎のお父さんとの学生時代の友人ということから、新郎に対してお

ポイント

うなずいたり、笑ったりしている、聞き手のことば以外の反応を見逃さないようにしましょう。独りよがりなスピーチをしてはいけません。

祝いを述べなければなりません。お祝いのことばというよりも、新郎が聞きあきたいつもの教訓めいた話になるかもわかりませんが、今日《きょう》は特別だと思って聞いていただきたいと思います。

結婚生活というものは、若い男女の交際や、あるいは婚約時代とはまったく異なりまして、朝起きてから夜寝るまでの、実にこまごました事柄から構成されます。新婚の甘いムードばかりが結婚生活ではなく、お茶漬けの味のようにサラッとしていて、たいへん平凡で、とりとめのない生活が延々と続くわけでございます。それは、大樹君がご両親を見て育ってきているからおわかりのように、平穏無事がなによりだということでございます。

「子は親の背中を見て育つ」と申します。ご両親をはじめ、私や友人たちは、結婚式も今日《こんにち》のように盛大なものではなく、お互いに助け合い、励まし合って今日《こんにち》を築き、現在は一様に平穏無事な暮らしをいたしておりますが、若い頃は苦労の連続といっても過言ではありませんでした。現在の大樹君のご両親の背中には、そうした苦労のあとは見あたりません。しかし、おそらく大樹君のご両親は今日《きょう》の盛典に、われわれでなければわからない感慨にふけっておられることと思います。

結び

どうかお二人とも、この私の述懐を心にとめていただき、海外留学によって広く技術を研究され、身につけられた、いわゆる新進気鋭《しんしんきえい》の大樹君が、理想の花嫁を娶《めと》られての人生の門出としていただくならば、万々歳である信じます。大樹君のお父様は、お母様をオマエと呼びますが、これは軽蔑してのオマエではなく、苦労をともにしてきた親しみをもったオマエです。相手に対する愛情と信頼、これだけは忘れてはなりません。これをこのおめでたい日にお贈りいたします。

新郎の父親の仕事上の友人

愛の火をいつまでも

つかみ

まず新郎新婦のご両人、ご両家ご一同様、まことにおめでとうございます。

本日はご覧のとおり、新郎新婦のご両親のご友人をはじめ、知名《ちめい》の士がずらりとおそろいになっておられますので、私のような、新郎のお父様佐野君の仕事上の友人にまではお鉢《はち》がまわってこないものと思って安心いたしておりましたが、ただ今ご指名をいただきましたので、立ち上がりました。これから一席ぶつのは、よほど頭がよくなければできない芸当であろうと思います。だからといって、堅苦しい祝辞を申しあげるようなことはいたしませんので、ご遠慮なくお食事など召しあがりながら、くつろいでお聞きのほどを願います。

展開

先ほどから、いろいろ有益なお話をうけたまわっておりましたが、ここに鎮座《ちんざ》されておられます新郎の翔太君に、美しいエピソードがございます。それを、まずご披露させていただきます。

それは、翔太君が二年前にアメリカに出発されたときのことでございます。お見送りにいかれ、また、今日《きょう》のこの席にご出席の方の中には、お気づきの方もお

結び

ありかと存じますが、新郎が出発されるとき、成田空港での大勢の見送りの中に、楚々《そそ》たる一人の女性が、控えめに新郎のお世話をしていました。

蛇の道はへびで、私はハハーンとわかりましたが、一方では、翔太君がアメリカに渡って長期間生活しているうちに、青い目の娘と愛し愛されて、日本に連れて帰ってくるのではないかと、人ごとならぬ心の痛みを感じました。

ところが、先日、佐野君が翔太君と一緒に私のところにあらわれまして、結婚式の話を聞かされました。なんと、お相手は二年前に空港で控え目にお世話をしていた楚々たる女性だと聞いて、なるほど、誠実な佐野君のご子息だけのことはあるわいと、心あたたまる思いでありました。新婦のみなさん、ほんとうにおめでとうございます。この愛の火を、これからの長い結婚生活の中でもたやすくことなく、いよいよ盛んに燃えあがらせていっていただきたいと存じます。

ところで、新郎新婦の門出に教訓、ということになりますが、距離にも負けずにがっちりと結ばれたお二人にお説教めいたことは無用であると存じますし、私

❗ポイント

よく準備されたスピーチはことばがていねいで、そこに美しさを感じるものです。表現はわかりやすいのが第一ですが、美しければなおよいのです。

自身が結婚した当時のことを振り返ってみましても、どなたがどんなお話をされたかもおぼえておりません。もう四十年も昔のことですから。ただいえることは、結婚してからは、楽しいときも苦しいときも、また、悲しいときも、二人で分ち合い、協力し合って乗り越えてきたということだけです。試練を乗り越えた人間には、あらゆる困難に耐え、人の情を動かす強さがあります。お二人がたくましく一段と成長されることを期待してお祝いのことばといたします。

新郎の母親の趣味の友人

助け合って人間形成を

つかみ

このたびは、ご子息様のご婚儀、まことにおめでとうございますと、まずなによりも先に新郎のお母様に申しあげます。お心の中をお察しいたしますと、私までうきうきと楽しい気分になります。いえ、実際にこんな盛大なご披露の宴にお招きを受けて、しかも、こんな結構なごちそうをいただいているのですから、楽しい気分になるのはしごく当然なことでございますが、長い間手塩にかけて育《はぐく》んでこられたご子息様が、ご立派に成長されて、今日《きょう》のよき日を迎えられ、多くのご来賓、お友だちからご祝辞をいただいているのを、この会場のかたすみで聞いておられるお母様のお顔を拝見いたしますと、私までが、なんともいえないうれしい気持ちになるのでございます。

展開

申しおくれましたが、私は新郎のお母様とは日本舞踊の同門、といっても、私のほうが三、四年後輩なので、この晴れやかなご披露宴でお祝いのことばを述べさせていただけるとは予想もいたしませんでした。それがはからずもご指名を受けて、光栄に存じております。

ポイント

「花は咲くが実はならない」といわれる祝辞の多くは、どうでもいいような事柄をはじめに並べたてるからです。注意しましょう。

新郎のお母様が、日本舞踊をおはじめになられたのは小学校の頃からとお聞きしておりますので、もう五十有余年。多くのお弟子さんには厳しいお師匠さんですが、愛情あるご指導が人気を呼んでおられます。そのうえ、最近のすばらしいご進境《しんきょう》ぶりには目を見張らされるばかりでなく、今までのご業績から先代の襲名を、といった声が、同門の幹部の間でもちあがっているほどでございます。

このようなお母様、また、大企業の経営にご多忙な毎日をお過ごしのお父様に育まれ、将来はお父様の後継者としての最高の教育を受け、慈愛《じあい》あふれるめぐまれた環境にあるにもかかわらず、大学卒業後の新郎はあえて苦難の道を選び、たくましく成長された陰には、お母様の弟子たちへの厳しさと似た、ご家庭のしつけが功を奏したといえるのではないでしょうか。

日本舞踊にかぎらず、一道の奥義《おうぎ》をきわめるということは、なみたいていの苦労ではございません。身をもって体験された新郎が、お父様の後継者として認められるようになるまでには、まだ年月を要することでございましょう。学問的に優れ、技術的に優れることは大切なことではございますが、人間が相手のご職業

結び

ですから、人格的に高潔であることが要求されるのは当然のことでございます。

今日《きょう》からは、お隣りにお座りの美しいお方とお二人で、第二の人生を歩むわけでございます。晴れた日だけではなく、雨の日、風の日、嵐の日もございましょうが、お互いに助け合い励まし合い、人格の完成と申しましょうか、人間形成と申しましょうか、自己を高めることにも心がけ、一日も早くお父様の後継者となられることを願っております。

本日はほんとうにおめでとうございます。

新郎の母親の勤務先社長
親子仲良く夢の実現を

つかみ

今日《きょう》のよき日に、堀井家の徹君と石川家の美咲さんがご結婚の式典をあげられましたことは、まことのおめでたく、心からお喜び申しあげます。

展開

さて、結婚といいますと、家と人との事情により、もとより一様《いちよう》ではなく、たとえば順境に育ち、順調に最高学府を卒業した青年と、何の苦労もなく青春を楽しんだお嬢さんとが結ばれるという型の結婚が少なくありません。人はこれをこのうえなく幸福な新郎新婦といって、あたかも結婚の模範のようにうらやみます。それはそれなりに結構なことに違いございません。

ところが、今日《きょう》ご結婚になった新郎の徹君は、高校二年のときにお父さんが病死され、お母さんが徹君の学費と生活費を得るために私の会社で働いてこられ、徹君が高校を卒業したのちも、働ける間は働くといって、現在も当社に勤めておられます。

徹君は卒業後、お母さんにいつまでも働かせては申しわけないと就職し、自らの知恵と力と汗とによって技術を身につけ、通信教育によって大学課程を修め、寸暇《すんか》を惜しんで努力されて、今では電気製品メーカーの中堅社員として、働いておられます。

また、新婦の美咲さんもこれに劣らず、同年輩のお嬢さんたちがのんびりと大学に通っている間に、せっせと職場で働き、十分に技術を磨き、今では新入社員たちのよき相談相手として、同僚や後輩たちに慕われております。しかも、お二人のご性格は温厚、貞淑、明朗で、誰にでも喜んで迎えられ、信頼され、素直に調和されるという天性の素質にめぐまれていらっしゃいます。

こうしたご両人が、今やお互いに深い理解と同情と、細やかな愛情によって相寄り相結ばれましたことは、まことに自然の勢いであり、天の配剤《はいざい》とも申すべきでございましょう。

ことわざにも「似たもの夫婦」といいますが、これほどお似合いのご夫婦も少なかろうと存じますとともに、これこそほんとうに幸福なご結婚と申すべきで、お二人のお喜びは想像するにあまりあるものがございます。

ポイント

すべての列席者に自分の人柄を数分のうちにわかっていただくのは至難のわざです。不要と思われる話はバッサリと切りましょう。

結び

また、新郎新婦は結婚後も、新郎のお母さんと同居して、親子ともどもむつまじく家庭生活を営《いとな》んでいきたいとのご希望でございます。これは従来の日本家庭ではむしろ当然の形でありましたが、家の観念の変わった今日《こんにち》では、別居するというのが一般の風習となりました。それはそれで理由のあることではございますが、親子夫婦が一緒に暮らし、嫁姑《よめしゅうと》の感情などを乗り越えて、お互いその立場を尊重しつつ、理解と愛情をもってなごやかに団らんしていくことは、人間自然の情愛であり、まことに望ましいことでなければなりません。

若いご夫婦がこの日本家庭の伝統のよさを保持しようとなさることをうけたまわり、まことに心強く感じました。親子仲よく、理想を達成されることを念願いたします。

新婦の父親の勤務先社長

新妻の夫は幸せ者

つかみ

ご指名にしたがいまして、ひとことお喜びのことばを申し述べさせていただきます。

本日は、皆様、まことにおめでとうございます。

私は新婦のお父様が勤めておられる○○株式会社の社長をいたしておりますが、今日《きょう》は、こんな美しく優しい娘さんを育てられたお父様は、いったいどんな人であるかをご紹介申しあげ、祝辞に代えたいと思います。

展開

新婦の絵里さんに私が初めてお会いしたのは、今から十五、六年前、新婦のお父様渡辺君が取引先の部長をしておられた頃だったと記憶しております。そのとき、新婦はまだ幼稚園の年長さんか、小学校の一年生ぐらい。現在の新婦の美貌からご想像していただけると存じますが、文字どおりの美少女で、いつも人なつっこい微笑を浮かべておりました。

それから五年ぐらいのちのことです。渡辺君が私の会社にまいりましたときに、たいへんやつれておられましたので、理由をたずねたところ、奥様が大病で入院

ポイント

コミュニケーションは、ことばだけではなく、語る人が真心をもって相手にできるかぎり伝えようとする努力が大切です。

され、看病と子どもの世話に明け暮れの毎日で、仕事どころではなかったが、やっと退院することができたので仕事に専念できるようになったと、あいさつにこられたのです。

慣れない食事や洗濯、子どもの身のまわりの世話をして、奥様の看病をするというのはたいへんな重労働であります。それに絵里さんの下には男のお子さんが一人いたわけですから、渡辺君がやつれるのは当然です。

私はある日、奥様の見舞いを兼ねて、渡辺君のお宅にうかがいました。玄関先に出て来たのは絵里さん。私が初めてお会いしたのが小学校の一年生頃だったので、六年生か中学一年生になっておられたと思います。奥様は、退院したとはいうものの、無理はできず、渡辺君が台所に立ったり、私の相手をしたりしていましたが、絵里さんも、小さいながらもお母様や弟さんの面倒を見て、お手伝いをしていました。

六年生か中学一年生といえば、遊びたい盛りです。にもかかわらず、人なつっこい微笑を浮かべて、お母様をいたわり、弟さんの面倒を見るのは、ほんとうはつらかったことと存じます。私のところにも絵里さんと同年の娘がおりましたが、絵里さんと私の娘とを比べて、私や妻の子どもに対するしつけのいたらなさを身にしみて感じたほどでした。

そのときから、私は渡辺君に会うと「社員教育担当としてぜひわが社に来てほしい」と懇願《こんがん》し、やっと二年前にわが社に来ていただきました。以来、役員待遇で社員教育を担当していただいておりますが、渡辺君の指導には、厳しさの中にも愛情があるため、社員の態度、ことばづかい、お客様との対応など見違えるように立派になり、わが社の顧客にほめられ、業績もどんどん伸びております。これはひとえに渡辺君のおかげと感謝しております。

結び

こんなお父様の薫陶《くんとう》を受けられた絵里さんを妻とよび、夫となられた新郎はほんとうに幸福な方だと思います。お二人の幾久しきご幸福を祈りまして、祝辞に代える次第です。

新婦の父親の取引先社長

「三手の読み」と「三ずの言」

つかみ

本日は、ご両家のたいへんおめでたい席にお招きいただきまして、光栄に思っております。新郎新婦ならびにご両家の方々に対しまして、心からお喜びを申しあげます。

私は、新婦のお父様とは、取引上の関係でつき合いもたいへん長く、本日ご結婚されたご長女がお生まれになる前からでしたから、二十五、六年になるわけでございます。

その間には、私どもはもちろんのこと、新婦のお父様が経営されておられる○○株式会社にも多くのご苦労がおありだったと思います。私の会社が今日《きょう》あるのは、ひとえに富山社長のご指導のおかげであると感謝いたしております。

展開

私が富山社長と知り合いました当時からのことを振り返りますと、世界的な大不況に襲われたり、国内でも政権が安定しなかったりと、私どもには不安の連続でした。

そのために、取引先の富山社長を訪れてはご指導を仰ぎ、同業者が混迷の状態であったにもかかわらず、私どもは安定した取引を守ることができました。これは富山社長の先見《せんけん》の明のお陰で、もし、富山社長とのおつき合いがなかったならば、今日《こんにち》の私はなかったと思います。

そのときに富山社長から「三手の読み」ということばをお聞きしました。「三手の読み」というのは、こうやる……こうくる……そこでこうさす、というように、将棋をさすときに三手先を考えて、次の一手をさしなさいということなのです。

この世の中には最初から最後まで最善手をさせる人は一人もおりません。三手先を読んで次の一手をさせば、誤りは比較的少ないでしょう。

三手読みでもっとも大切なことは、二手目の相手の考えです。相手の立場に立って考え、三手目を決めて次の一手をさすべきです。これは富山社長が将棋の高段者からお聞きになった話だそうですが、私も将棋は下手ですが好きなので、よく話の中に使わせていただいております。

それから「三ずの言」。

❗ポイント

「話し上手より聞き上手」ということばもあります。人の話に耳を傾け、感銘を受けたことばがあれば、それを引用するのもコツです。

私は人に対した場合には「恐れず」「あせらず」「喜びすぎず」の三つの戒《いまし》めのことばと決めております。

ひと口に申しますと、大事な場面では冷静になりなさいということです。恐れると相手に押されて実力の半分も発揮できません。また、早く勝とうとしてあせると失敗します。ちょっとした形勢有利に喜びすぎてはなりません。喜びすぎると「三手の読み」ではなく、「だろう読み」をしがちです。

お二人に「三手の読み」「三ずの言」を贈り、お祝いのことばとさせていただきます。

新婦の父親の高校友人

親しき仲にも礼儀あり

つかみ

本日は青木、鈴木、ご両家ご親族のご列席のもとに、新郎雅人君と新婦聡美さんの結婚の儀がとどこおりなく行われたとのこと、まことにおめでとうございます。また、このような盛大なご披露宴にお招きをいただきまして、光栄に存じております。

今日《きょう》のよき日を待ちかねられたお二人の、このうえない美しいお姿を拝見いたし、ご両人はもとよりのことと存じますが、ご両家のお喜び、これにすぐるものはないと存じまして、心よりお祝いを申しあげます。

展開

私は新婦の鈴木さんご一家とは、お父さんと高校時代の友人ということから、長い間公私の別なくおつき合いをさせていただいておりますので、新婦の聡美さんのことは幼少の頃から存じているつもりでした。知らなかったことといえば学校の成績ぐらいではないかと思ってうぬぼれています。

ところが、本日、若々しく男らしい新郎と初めてお会いして、いつ頃から、どこで知り合ったのか全然気がつきませんでしたし、お年頃になった聡美さんの変

ポイント

自分の体験や反省をふまえながら、新郎新婦や両親の長所に触れるのはよいですが、欠点や悪口は絶対にいわないことが礼儀です。

化も見すごしていたこと、また新郎が聡美さんの理想の男性であったということも知らずに、今日《きょう》まで鈴木家ご一家と公私の別なくおつき合いしていたことを考えますと、鈴木さんご一家に対して、たいへんご迷惑をおかけしていたのではないかと恥じ入るばかりでございます。

「親しき仲にも礼儀あり」と申しますが、この礼儀知らずな男と、鈴木さんご夫妻は兄弟のように接してくださり、聡美さんほかのお子さんも私を喜んで迎え入れてくださった寛容《かんよう》の心には、頭がさがるばかりでございます。

このような寛容の心をもって育った聡美さんが、これから新しく家庭を築いていかれるわけでございますが、新郎のお友だち、また新婦のお友だちは、新婦が寛容の心をもった人だからと考えて、わが家同然のお気持ちで出入りなさらないようにお願いいたします。なぜならば、お二人は愛し愛されて結ばれたのでございます。少しでも長い時間、二人きりで過ごそうと思っておられるのに、心ない私とかお友だちが押しかけては、ご迷惑であると思うからです。

だからといって、無関心になれとは申しません。なにか相談ごとをもちかけられたときには独身時代と同様に、ご指導、ご協力願い、お二人がいつまでも仲よく幸福な生活を営《いとな》まれるようご鞭撻《べんたつ》いただきたいと存じます。

結び

父親でもなく、親戚でもない他人が、お二人のことを皆様にお願い申しあげるのは筋違いだとは存じますが、私自身の体験と反省から、ひとこと述べさせていただきました。

ご両家のご繁栄、新家庭のご多幸をお祈り申しあげ、お喜びのことばとさせていただきます。

新婦の父親の仕事上の友人

呼吸を合わせ二人三脚を

つかみ

本日は新郎新婦およびご家族の皆様、まことにおめでとうございます。とくに新婦のご両親におかれましては、今まで長い間、新婦睦美さんをお育てになり、ご苦労も多かったことと存じますが、ご本人様以上に、この日をきっとお喜びになっておられるのではないかとお察しいたしております。

展開

私は新婦のお父さんと仕事上のご縁でおつき合いさせていただいておりますが、外見的には新婦のお父さんのほうが年上に見られ、私たち二人だけのときには、いつも私よりも年上に見られて困るとこぼしておられます。実際には私のほうが三歳上なのですが、年齢よりも老《ふ》けて見えるというのは、会社のこと、ご家庭のことなどで、気苦労が私より多いからではないでしょうか。

私は親の代からのものを引き継いだのですが、新婦のお父さんは腕一本、スネ一本で今日を築きあげた立志伝中《りっしでんちゅう》の人。また、ご家庭には本日華燭《かしょく》の典《てん》を挙げられました新婦の上にお姉さんがお二人。昔から娘を三人結婚させると破産するといわれたほどですから、娘さん三人を嫁《とつ》がせるのはたいへんなことです。その点、私は夫婦二人で子どもがおりませんから、わが家では、結婚費用の予算を組む必要もございません。親からの仕事を引き継いだだけで、子どももいない私が若く見えるのは当然です。

だからといって、私に悩みがないというわけではありません。事業をやっていて、後継者がいないということは非常に寂しいものです。それで私は、新婦がまだ十代の頃、養女にほしいとお父さんに申し入れたことがございました。しかし、新婦のお父さんは「子どもは三人とも私の宝だ。どんなことがあってもよその家にやることはできない」といって断られました。ところが娘さん三人は年頃になってそれぞれご結婚、父親の跡を継ぐお子さんはおられません。お孫さんが跡を継ぐかどうかもわかりませんが、おそらく新婦のご両親は、今日のこの盛大なご披露宴に、私たちでなければわからない感慨にふけっておられることでしょう。

新婦の睦美さんは新郎の直人君の優れた資質をすでに十分に見抜いておられ、本日嫁がれたわけですから、今後も直人君のよき理解者となられるであろうことを確信いたします。

ポイント

後継者を育てるのが困難なのは、どの世界でも同じです。親の情を代弁する場合はサラリと流し、両親、新郎新婦の長所をほめること。

人の性質は、どれをとっても長短両面がございますが、長所をほめ、短所に目をつぶることは人と交際をするうえで大事な心得ですが、まして長い人生をともにする家庭生活では、これが何よりも大切なことだと存じます。

結び

日本の文化、伝統を学び、かつ、アメリカに留学されたご経験もおもちの睦美さんが、理想の花婿さんと今日《きょう》から人生の「二人三脚」のスタートを切ったわけでございますから、お二人は呼吸を合わせ、お互いに深い愛情をもち続けて、お幸せなご夫婦となってくださるようにお祈りいたし、お祝いのことばといたしたいと存じます。

新婦の母親の幼なじみ

一刻も早く楽しい家庭を

つかみ

詩織さん、このたびはご結婚まことにおめでとうございます。ご両親も今日《きょう》の晴れ姿を眺めて、さぞかしお喜びのことと存じます。

私はあなたもご存じのように、お母様の幼なじみとして、今日《きょう》のご披露宴にお招きを受け、出席をいたしました。ウェディングドレスを着た詩織さんはとてもおきれいで、うっとりしてしまい、何をお話すればよいのかわからないほどでございます。でも、ご指名を受けて立ち上がりましたからには、改めてお祝いのことばを述べさせていただきます。

展開

先ほど、お仲人様から新郎新婦のご紹介がございましたように、新婦の詩織さんは看護師として○○病院にお勤めでございます。

ご存じの方もあるかと思いますが、看護師という仕事はたいへんな重労働でございます。週二日は夜勤がございますし、仕事中もほとんど一日立ちっぱなしで、患者さんの看護にあたります。詩織さんとは病院は違いますが、私も長いこと看護師長を務めていましたので、そのつらさはよくわかります。私が看護師長を務

ポイント

新婦の幼い頃の話よりも、現在の苦労を自分の体験から述べ、両親と新婦の長所を語るほうが、話し手も聞き手も気楽です。

めておりました頃、詩織さんが高校三年のとき、お母様と一緒に私の勤めている病院に相談にこられました。「娘が将来は看護師になりたいというので……」ということでした。私も長いことやっておりまして、もうやめようと思ったことも一度や二度ではありませんでしたので、ほかの道に進むようにお話ししたのですが、結局、看護師の道を選び現在に至ったわけでございます。詩織さんはそんなきつい仕事を、今日《こんにち》まで立派にはたしてこられました。

看護師には、患者さんの看護だけでなく、事務処理能力と人間的な優しさ、あたたかさが要求されるものでございますが、詩織さんはいつも、まるで肉親のような優しさで患者さんを励まし、力づけておられたと聞いております。ですから、患者さんのほうも何かにつけて詩織さん、詩織さんというわけで、それがまた詩織さんの労働過重になるわけでございますが、詩織さんはそれを、たいして苦にもしないご様子で、快くやっていらっしゃると、漏れうけたまわっております。

口でいうのは簡単でございますが、なかなか、普通の人にはできないことでございます。これは、ひとえにご両親のしつけの賜物《たまもの》だろうと存じますが、新郎の孝英さんも人間的な優しさ、あたたかさをもつ詩織さんにほれて、今日《きょう》の華燭《かしょく》の典《てん》となったのでございましょう。このような詩織さんを妻とされた孝英さんは、どんなにお幸せのことかと存じます。

結び

高校生当時から固い信念をもって、選んだ道を歩み続けてこられた、〝白衣の天使〟詩織さん。ナイチンゲール記章を目指すのも結構なことでしょうが、これからは夫と呼ぶ孝英さんのために、人間的な優しさ、あたたかさを発揮して、どうぞ一刻も早く、楽しく明るいご家庭をお築きになられますよう、陰ながらお祈り申しあげ、ごあいさつとさせていただきます。

新婦の母親の勤務先社長

最良の喜びの日によせて

つかみ

私は新婦のお母様が勤めている○○株式会社を代表して、今日《きょう》のおめでたい席に招かれたわけでございますが、新婦のお母様はまことに信頼できる、しっかりした勤務ぶりで、わが社にとりましては大黒柱と申しても過言ではございません。

展開

今をさること十数年前、新婦のお母様はご主人を病気で亡くされ、当時、小学校であった新婦の綾乃さんを女手ひとつで今日《こんにち》まで育ててあげてこられました。その間のご苦労はなみたいていのことではなかったと思います。また、亡くなられたご主人も草葉の陰から綾乃さんの今日《きょう》の晴れ姿をご覧になって、お母様のこれまでのご苦労に感謝しているのではないかと推察いたしております。

綾乃さんは世にいう母子家庭の環境で過ごされてきたわけでございますが、お母様が気丈なお方で、あるときは父親になり、また、あるときはいつくしみ深い母の姿で綾乃さんと接しておられましたから、私どもが見ておりましても、両親がおそろいの家庭のお子様と変わらないように感じました。

素直で明るく、よくお母様のお手伝いをする綾乃さんは、近所でもたいへん評判がよかったのでございます。

これは私が学校の先生やご近所の方からお聞きいたしたことですから、間違いはございません。

なぜ、私がこのようなことをいたしたかと申しますと、ずいぶん昔のことになりますが、母子家庭のお母様、またお子様を採用して、期待を裏切られたことがあり、それ以来、母子家庭と聞くとあまりよい感じはもてませんでした。

そのため綾乃さんのご家庭のことを調べさせてもらったのですが、私が間違っていたことを知り、お詫びにあがり、それ以来、わが社で働いていただいている次第です。

今日《きょう》は綾乃さんの結婚式。綾乃さんにとって晴れの舞台であり、お母様にとっても長年の苦労が報われ、亡きご主人に胸を張ってご報告できた最良の喜びの日であると存じます。

お聞きいたしますと、お母様とは同居して、結婚後も夫婦は共働きとのこと。

そしてお母様は娘夫婦と同居しても、健康な間は働かれるとのこと。まことに結

ポイント

母子家庭の場合は、同情ではなく、母親と新婦の明るい面を強調したほうがよいでしょう。新郎には二人への協力を願う程度に。

構なことと思います。

結び

最後に私から新郎にお願いいたします。

勤めをもった妻へのいたわりは、夫として当然のことでございます。愛情をもってお母様と綾乃さんを助けてあげてください。

お二人の新しい前途に幸《さち》多からんことをお祈り申しあげて、お祝いのことばに代えさせていただきます。

新郎の小学校の恩師
住みよい家庭作りを

祝福と自己紹介　つかみ

①大井君、本日はまことにおめでとうございます。
このように多くの友人、知人に囲まれ、祝福を受けて、ほんとうにお幸せなことと思います。

②大井君が、私が教鞭《きょうべん》をとっておりました小学校に入学されたのは、○○年の四月でしたね。入学した頃は体が弱く、よく風邪をひいては熱を出して学校を早退したり欠席したりしていたようですが、二年生になってからは、早退、欠席もなくなり、六年生のときには健康優良児として表彰されたことを、今でもおぼえていることと思います。

エピソードと励ましのことば　展開

③当時、一番心配されていたのはご両親で、家庭訪問のときなどは大井君の健康についての話が多かったように記憶しています。私はそのたびごとに水泳や野球で体を鍛えることをご両親におすすめしました。ご両親も賛成して、さかんに大井君にすすめましたが、なかなかいうことを聞かず、手こずらせたものです。

祝福
①新郎新婦や両家の両親に対してお祝いのことばを述べます。

自己紹介
②簡単に自己紹介を行い、自分と新郎、または新婦との関係を説明します。

エピソード
③当時のほほえましいエピソードを紹介しましょう。とくに新郎の小学生の頃のできごとなどには、新婦も知らないエピソードもあるでしょうから、聞き手も楽しく聞くことができるでしょう。

ポイント

恩師としてのスピーチは、思いがつのり、当時のことを長々と話したくなるものですが、焦点をしぼって述べるほうが好感をもたれるでしょう。

けれども三年生頃から野球をはじめ、少年野球チームに入ってからは健康をとり戻し、ぐんぐん身長も伸び、また、夏の校内水泳大会にも選手として出場し、すっかりスポーツ好きな大井君として立派に成長し、学校でも人気者になり、ご両親や私は安心しました。

④そのような大井君が、今日《きょう》はよき伴侶《はんりょ》を得て結婚され、ご両親のお喜びはこれ以上のものはないと思います。また、当時の教師だった私のことを忘れずに、この披露宴にお招きいただき、大井君とご両親に感謝いたしております。

私はすでに教師をやめて塾の経営をしておりますが、最近の子どもたちは、昔に比べると体格は向上したものの、あまり体力がなく、精神的にも弱気な子どもが多くなっているような気がします。これは学校の教育方針、社会環境の変化からきているのでしょうが、子どもたち、とくに小学生までは体力作りが必要だろうと思います。まずは遊び、そして学ぶことです。

⑤最近は都市化がすすみ、自然が破壊されて、子どもが安心して遊べる場

励まし

④新郎新婦の人柄などをほめ、将来によせる期待と励ましを述べます。成長し、結婚式を迎える新郎新婦に対し、素直に感激の気持ちを述べましょう。

結びのことば 結び

所が減少しています。大井君は今は地方公務員として、地方行政の一翼《いちよく》を担っておられますが、自分自身が少年であった頃のことを思い起こし、将来背負って立つ現代の子どもにも思いをいたしてもらいたいと思います。

⑥大井君の結婚のお祝いなのに、私の個人的なお願いを述べましたが、ほんとうに住みよい環境作り、家庭作りに励まれるようお願いいたしまして、私のあいさつといたします。

末永くお幸せに。ほんとうにおめでとうございます。

将来への期待

⑤家庭を築き、社会人として新たな一歩を踏み出す新郎（または新婦）に期待することばを述べます。現在の仕事内容などに関係する話題を選ぶのもよいでしょう。

結び

⑥最後に、簡単な結びのことばを述べます。

新郎の高校の恩師

不調のときの努力を忘れずに

つかみ

永井君、茜さん、おめでとうございます。

今日《きょう》ここに新しい門出をなさるご両人にとって、このように多くの皆様からあたたかい祝福を受けてスタートを切るのは、まことに幸せなこととお喜び申しあげます。

展開

永井君が私のおります高校に学ばれましたのは、もう十年も前のことでございます。本来ならば、このような席では、永井君を教えた教師として、学業優秀、品行方正と申しあげるべきでございましょうが、私はあえてそのようなことは申しません。永井君はいわゆる秀才型の生徒ではなかったからです。しかし、私の心に今も強く焼きついているのはなぜかと申しますと、それは彼が、ひたむきな努力を重ねるすばらしい生徒であったからです。そこで本日は彼のすばらしい人間性をご紹介して、お祝いのことばといたしたいと思います。

私は、永井君の在学当時、サッカー部の顧問をしておりました。彼もサッカー部の一員として、一年生のときから活躍しており、エースストライカーとして誰もがその力量を認めておりました。ところが、全国高校選手権の予選を前にして、極度な不振に陥《おちい》ってしまったのです。練習試合でもパスミスは目立つし、シュートもことごとくはずれるといった状態でした。当然のように、部員の間からレギュラーからはずすべきだという声もあがってまいりました。

しかし、私が職員会議で遅くなったある日のことです。外は日が暮れてほとんどボールも見えないようなグラウンドで、一人の生徒が黙々とボールを蹴っているではありませんか。私は早く下校するようにと声をかけようとして近づきましたが、その生徒が永井君であるのがわかると、黙って帰りました。

スランプに陥って一番悩んでいたのは本人なのです。その悩みの中から必死に抜け出そうとひたむきに努力している彼の姿に、私はかけることばがありませんでした。

その後の活躍は、皆様ご承知のことと思いますが、二回もハットトリックをして、わが校が県代表に選ばれ、全国高校選手権でも全国制覇をするという大きな原動力となったのでございます。

ポイント

高校の教師と生徒の結びつきは部活動が中心になることが多いので、部活動の思い出の中から新郎の人間性を語るとよいでしょう。

そういった精神力の強さがあり、ひたむきな努力をする永井君ですから、今後、お二人のご家庭にどのような苦難が押し寄せようとも、少しも恐れることはないと確信いたしております。

結び

新婦の茜さんは、このような永井君の人間性を見抜いて結婚を決意されたのでしょうから、まことに目が高い方だと存じます。これからお二人が迎えられ人生には、よいことばかりでなく、幾多の試練が訪れることもあるかと思います。

そうしたときは、どうか永井君の人間性、また、永井君の人間性を見抜かれた茜さん自身の気持ちを思い出していただき、末永くお幸せなご家庭をお作りいただきたいと念願いたします。

新郎の大学の恩師

いつまでも誠実さを忘れずに

つかみ

敏明君、千晴さん、本日はおめでとうございます。心からお祝いを述べさせていただきます。また、ご両家の皆様、とりわけご両親様のお喜びはいかばかりかと存じます。この栄えある婚礼の式にお招きいただきまして、たいへん光栄に存じております。

展開

さて、新郎の敏明君は、大学のときの私のゼミの第一回生であります。私が現在の大学に就任した年、ゼミを開講した際に採用した数人の中の一人であります。以来、毎年十人前後のゼミ生が社会に出ていき、立派な社会人として、さまざまな分野で活躍しております。私のゼミもこれらの先輩ゼミ生の努力のおかげで、入室試験は十倍以上の競争率となり、教師としても非常にうれしく思っております。

教師冥利《みょうり》につきるわけですが、中でもうれしく思いますのは、卒業生が、家族、職場の多くの人々から祝福されて、最愛の伴侶《はんりょ》を披露する結婚式に招かれ、久しぶりに教え子の晴れ姿を見るときであります。

ポイント

難解なことばや専門用語は避け、参会者によくわかるように平易なことばづかいで要領よく、短時間で話すようにします。

美しい千晴さんと雛壇《ひなだん》に並ぶ今日《きょう》の新郎は、世界の幸せを独占したような、はなやかな顔をしております。彼の今日《きょう》の晴れ姿を見ていると、学生時代のゼミ生活の数々の思い出が懐かしくなり、ご両親とは違った感懐《かんかい》をおぼえるのでありま す。

学生生活やその後の社会に出てからの、彼の人となりや楽しいエピソードの数々は、本日出席の皆様からご披露があるかと思いますので、割愛《かつあい》させていただきますが、ただひとつだけ強調しておきたいことがあります。

それは、彼の多くの優れた性格の中でも、とりわけ感心するのは誠実さであるということです。この誠実さは、口でいうのは簡単でありますが、実際に実行していくのはたいへんな努力がいるわけであります。学生時代からもっていた彼の徳性は、社会に出ても失われることもなく、ますます磨きがかかってきたことと確信しております。

彼は、今日《きょう》のおめでたい日を契機として、名実ともに社会人としてのスタートを切るわけでありますが、彼の生きる職場はビジネス社会であり、それは生《い》き馬の目を抜くというほど、生存競争の激しい社会であろうと思います。このような激しい社会であればこそ、彼の人柄は、上司、同僚、あるいはお客様の厚い信頼を得ると確信します。誠実さは、人生の最後の勝利者となる必須の条件であると思っております。それゆえ、あせることなく、一歩一歩、生まれながらにもつ誠実さで、ことに対処していくならば、道は必ず開けてくるはずであります。

結び

本日から、ほんとうの理解者である最高の伴侶、千晴さんを得たわけですから、人生の苦しみは半分以下に、楽しみは倍加されるわけであります。相互の愛情と信頼は独占しながらも、それを双方のご両親、ご家族にまで広げていっていただき、そのうえで、健康に留意し、職場を通して社会に役立つ人物になっていただきたいと思います。

新郎の大学院の恩師

夫婦の誓いは新たな責務

つかみ

今日《きょう》のよき日、ここに清らかな席を設けて、いみじくも良縁に結ばれたお二人、誠治君と亜希子さんの結婚の式が挙げられましたことは、まことに慶賀《けいが》のきわみでございます。また、お二人の今日《きょう》の晴れ姿を目《ま》のあたりにするご両親をはじめ、ご参列の皆様のお喜びはいかばかりかと拝察いたし、幾久しくお祝い申しあげる次第でございます。

展開

まことに夫婦の誓いは天命によるところであって、人生行路《じんせいこうろ》のうちで神聖第一の儀式であります。お二人は今、新しい人生の門出にあたって、来《こ》し方を思い、行く手を夢みて、さだめし感慨無量のものがおありでしょうが、とくに心されたいことは、お二人は今や一体ということであります。

起伏《きふく》の多い人生行路のこと、行く手には楽しい花園もあり、ときには思わぬ障害に悩まれることもあろうと思いますが、どんな場合でも夫婦は一体、お互いに敬愛のまことをもって励まし合い、相寄り添って、苦楽をともにして真実一筋の途《みち》をたどられますよう、お願い申しあげます。そうすれば、今日《きょう》の喜びと幸せは、お二人の生涯をかけての繁栄をつらぬくことでありましょう。

今日《きょう》のこのおめでたいお二人の門出を祝して、近親知己《きんしんちき》の主《おも》だった方たちはここに集まり、また、このよき縁《えにし》の永遠の幸せを祈られたお仲人さんのまことがあり、さらに当会場の職員の皆さんの公《おおやけ》の喜びが盛られております。

今、お二人は近親知己および広く公の祝福を受けられて、お互いの愛情を幾千《いくち》代《よ》かけて夫婦の誓いの杯を交わされました。お二人の光栄と喜びは察するにあまりありますが、同時に夫婦の重大さがこのときから発し、また周囲に対し、広く社会公共に対して、新たな責務が今からはじまったことを思い、おめでたい結婚の中に要《かなめ》とされるよう念願いたします。

ところで、誠治君は現在、何ヵ月間も顕微鏡をのぞき、資料を整理し、論文の執筆にかかっておりますが、ここでひとつだけ欠点をあげておきます。それは私と同じく、たいへんな酒飲みであるということであります。

しかし、カラッとした飲みっぷりは彼の人柄でございまして、誰からも愛されております。この点は新婦の亜希子さんもよくご承知で、お二人の仲をとりもっ

❗ポイント

列席者にも関係企業や研究者が多いと思われます。新郎新婦には人生訓を、列席者には二人の将来性を述べます。

たのは、どうもこのお酒と聞いておりますが、経過につきましては、本日ご参列の皆様のおことばの中から知ることができると期待いたしております。

結び

松下村塾《しょうかそんじゅく》を主宰し、多くの維新《いしん》の志士《しし》を教育いたしました幕末の志士・吉田松陰《よしだしょういん》は、「女性の役割」を評価して「男子武士道を守る婦人道を失えば一家治まらず」といっております。

お二人はお酒がとりもった縁とはいえ、これからは夜ふかし、深酒《ふかざけ》はほどほどにされ、健全な家庭を築かれることに意を用いられるように希望し、私の祝辞とさせていただきます。

新郎の専門学校の恩師

修行を積んで大飛躍を

つかみ

ご指名によりまして、ひとことお喜びのことばを申し述べさせていただきます。

本日は新郎新婦をはじめ、ご両家の皆様、まことにおめでとうございます。

私が新郎の田口達也君に初めてお会いしたのは、今から十年前で、東京の高校を卒業されていたにもかかわらず、大阪の調理技術専門学校の生徒として入学されて、初めての講義の日であったと記憶しております。そのとき、田口君は十八、九歳でしたが、その頃の彼の姿は、現在の彼の美青年ぶりからご想像いただけると思います。いつもにこやかな微笑を浮かべている、人なつっこい青年でした。

展開

本校には北は北海道から南は九州まで、全国各地から調理師を志してくる生徒は多いので、東京から来たといっても別に珍しいことではないのですが、田口君を最初に見たときの私の印象は、こんなまだ幼さを残しているような青年が、はたして調理師という特殊な世界の修行に耐えて、無事に育っていくだろうかと、何か痛々しい思いさえ抱いたのであります。しかし、それは私の杞憂《きゆう》にすぎず、その後、田口君は厳しい修行の過程で、調理師としてたくましく成長され、関西

ポイント

専門学校は多種あり、幅広い分野の来賓が集まります。特殊技術を身につけた者、一般教養を学んだ者、どちらにもわかる話を心がけましょう。

の料亭の板前として日本料理に包丁の冴《さ》えを見せるようになられたばかりではなく、今日《きょう》、このような美しい奥様を迎えられ、歳月の歩みはなんと早いものだろうと、感慨ひとしおのものがございます。

田口君と私とのおつき合いは、初対面のとき以来、包丁、料理を媒介《ばいかい》として、師弟関係として続いてきていますが、それはひとつには、田口君のもつ明るく素直で礼儀正しい人柄が、私にいつも好感をおぼえさせるからに違いないと考えております。田口君のこの人柄は、おそらく田口家の家風によるものと思いますが、ともあれ、ご両親の慈愛《じあい》のもとに、順調な家庭に育って、今日《きょう》このような美しい奥様を迎えられるとは、田口君は実に幸運だなと、先ほどから考えていたところであります。

さて、このおめでたい日に、調理師の師として田口君にお願いしたいことは、若い世代の代表ともなるべき新しい結婚生活のモデルケースを、奥様との協力によって、ぜひとも見事に築きあげていただきたいこと、それと同時に、このたびの結婚を機会に、調理師としてさらに厳しい修行を積んで、大飛躍していただきたいことであります。

結び

そこで、田口君の奥様にお願い申しあげたいことがございます。調理師といえば料理のプロであり、味つけ、盛りつけはもちろん、包丁のとぎ方にも口うるさく、ご苦労が多いことと存じます。また、どんなに仲のよい夫婦でも、たまには口ゲンカぐらいはいたします。それは大いにやっていただいて結構ですが、調理師の魂ともいうべき包丁だけは一点のくもり、さびなどがないように、心してお使いくださいますようお願い申しあげます。そして職人根性のご主人に、いつもとっておきの笑顔を見せてあげてほしいと思います。田口君おめでとう。

新婦の中学校の恩師

笑顔ある会話をたやさずに

つかみ

友里さん、本日はまことにおめでとうございます。また、中学時代にあなたの担任であった私を、このようなすばらしい宴席にお招きいただきまして感謝いたしております。改めて友里さんならびにご両親にお礼申しあげ、お祝いのひとことを申し述べさせていただきます。

展開

友里さんが中学に入学された当時は、私も教師になったばかりで、お互いにピカピカの一年生でした。その友里さんが、今、このように美しく成人され、新しい家庭を営まれるために人生という大海に船出されようとしていらっしゃる姿を拝見いたしまして、私はどのようなお祝いのあいさつをすればよいのか、ことばを失い、新任の教師が生徒の前であいさつができずに、まごついていた当時のことを思い出します。

私が新任教師のあいさつを述べたときには、横に校長先生や教頭先生がおられ、なにかとご助言をいただきながら、どうやらあいさつができましたが、本日は当時の校長先生、教頭先生はおられず、心細い思いで立ち上がりました。私がことばにつまりましたときには、感無量で話ができないのだなとご推察いただき、お許し願いたいと存じます。

今は一月、成人式も終わって中旬でございますが、古くは、一月のことを「睦《む》月《つき》」といいます。この由来につきまして、古い書物によりますと、「一月は、知っている者同士が、お互いに行き交い、親しむ月である。つまり親しみ睦《むつ》ぶることから転じて睦月になった」と説明しています。要するに、一月は仲よくする月ということになります。しかし、これは一月にかぎったことではなく、一年を通じて、いや、これから先、千代に八千代にずっと仲よくしていただきたいものであります。もちろん、ずっと仲よく暮らしていただきたいというのは新郎新婦のお二人でございます。

仲よく暮らすためにはどうすればよいか……。

それは夫婦の対話、親子の対話をいつもにこやかに展開することであると信じております。夫婦の対話、親子の対話が途絶《とだ》えるようになりますと、家庭生活の平和、繁栄はなくなり、お互いに顔を見合わせるのもイヤになってしまいます。

ポイント

担任か部活の顧問かなどで思い出や話の内容は変わります。当時のエピソードを面白おかしく話したりして新婦の心を傷つけないように。

また、対話をしても、お互いに感情的なものの言い方をすれば角《かど》が立ち、ケンカばかりになってしまいます。そうなってはたいへんです。

結び

友里さんは聡明で、クラスのリーダーとして四十人のクラスメートをまとめてこられたことを考えますと、一家庭という一学級よりも少ない人数は十分にまとめられる方です。

これからはご主人とにこやかな対話を絶やさず、末永くお幸せであれと願う次第でございます。

恩師

新婦の大学の恩師

生きることの意味を真剣に

つかみ

本日はまことにおめでとうございます。美里さんの五年にわたる〝永すぎた春〟ともいうべき新郎とのおつき合いが実を結び、ここに晴れの結婚式をあげられ、今日からは夫と呼び、妻と呼ばれるカップルが誕生いたしましたことを、ご出席の皆様とともにお喜び申しあげます。

また、ご両親はじめご家族の皆様方のお喜びは、いかばかりでございましょう。お二人の大きな喜びの陰には、ご両親はじめご家族の方々のかぎりない愛と、多くの先輩、お友だちのたゆまざるあたたかいご鞭撻《べんたつ》とご協力が存在したということを、きっと考えておいでのことでしょう。

展開

ご存じのように、結婚後のお二人を待ち受ける現実の社会は、多くの欺瞞《ぎまん》や混沌《こんとん》に満ちあふれ、若いお二人の感傷など許さない、厳しいものがあります。その中で、ややもすると自分たちのすすむべき方向を見失い、すっかり自信を喪失《そうしつ》してしまうようなときもあるかもしれません。

そんなときは、大学時代を静かに思い起こしてみてください。

ポイント

あいさつは、時代の流れとともに変わるものです。その時代にふさわしいことばを選びながら、人生に希望をもたせる内容に。

きっと大学四年間の先生方のいろいろな教えが、思わぬ手助けをしてくれるでしょう。あるいはご両親やご家族の方々が日常さりげなく示し続けてくださった思いやりが、お二人を再び勇気づけてくれるかもしれません。そして大学時代、友だちとの語らいの中で模索し続けた、生きることの意味を、今こそ真剣に考えねばならないときであることに気づくかもしれません。

吹く風の中にも菊の香りがただよい、まさにはばたく鳥にも似たお二人の姿は、まことに頼もしく輝かしいかぎりでございます。

今や時代が変化するスピードはますます速くなっており、この先数十年後にどのような世界が築かれているのか、とても楽しみであります。私自身は自分の目でその新しい世界を見ることができるかどうかはわかりませんが、お二人は、新しい世界の推進力となって力強く活躍なさっているはずです。

新しい時代の担い手であるお二人に銘記していただきたいのは、神学者であり、医者、哲学者であり、アフリカで貧しい病《や》める人たちの救済にあたったアルベルト・シュヴァイツァーの幸福についてのことばであります。それは「私の知っているただひとつのことは、あなた方の中でほんとうに幸福になるであろう人たちは、他人のためにつくす道を求めてそれを見出した人たちであろうということ」ということばであります。

結び

未来が、希望と平和に満ちあふれた、明るく美しい世界となるためにも、どうぞお二人は真実を見失うことなく、若い英知と新しい発想を、揺れ動く現代の中で活用し、明日の世界のために役立ててください。

新婦の習いごとの恩師

常に真心を忘れずに

つかみ

恵さん、ご結婚おめでとうございます。ご両親もさぞかしお喜びのことと拝察いたしております。また、このようなすばらしい宴《うたげ》にお招きいただきまして感謝いたします。

なにかお祝いのことば……ということで、ただいま立ちあがりましたが、皆様方の有益なお話をうかがって、なにからお話しすればよいのかと戸惑《とまど》いを感じ、手に汗している有様でございます。訥弁《とつべん》でお聞き苦しいところがございましょうが、お許しください。

展開

私と恵さんとは、手芸教室で知り合いました。私の主宰いたしております教室に初めてこられ「編み物、それも手編みを教えていただきたい」というのです。

最近のお嬢さんは、お母様がお若いせいか、あるいはお母様の世代とはセンスが違うからか、母親に習うことをしなくなった傾向が強いようでございます。

私は恵さんにお母様のお歳《とし》をお聞きいたしましたところ、私とは、同年配。お母様にお習いになったほうがよいのではないかと申しますと、身内ではつい甘えが出て思うように編めないとおっしゃいます。

そういわれると、確かにそうかもしれません。私にも恵さんと同年配の娘がおり、私が手芸教室を開いておりますので、近所の方などは娘に「お母さんに教えてもらえるので、幸せね」と、よくいわれるそうですが、娘は「買ったほうが安いし、編み物をするよりもスポーツをするほうが楽しい」といっているようです。娘のいうことにも一理はございます。

しかし、編み物にかぎらず、手作りのものには、それを作った人の愛情がこもっているものでございます。

その点、私の娘と異なり、恵さんはなにごとにも真心をつくされる人だなと感じ、以来、今日《きょう》まで五年間というもの、おつき合いいただき、お母様とも親しくさせていただいております。

お母様もご立派な方で、この親にしてこの子ありと考えさせられることが多々ございました。私などは足もとにもおよばないほどでございます。

このようなお母様に育まれ、なにごとにも真心をつくされる恵さんは、きっと

ポイント

新婦がその習いごとをはじめた動機などにも触れながら、教え子の門出を祝う教師の気持ちを真心込めて述べます。

お幸せなご結婚をされるだろうと確信しておりました。

そして今日《きょう》のご結婚です。ご新郎には初めてお目にかかりましたが、ご媒酌人からのご紹介によりますと、ご経歴といい、ご性格といい、まことに恵さんとはお似合いのご新郎、これ以上の良縁はないと私までが感激でいっぱいで、ありきたりのお祝いのことばではとうてい、いいあらわすことのできない気がいたします。

結び

これからはご主人にも真心をつくされ、世界一幸福な妻となっていただきたいと念願いたしております。恵さん、おめでとうございます。

知っておきたい用語集

P122 切磋琢磨（せっさたくま）……学問や人徳をよりいっそう磨きあげること。
P128 聡明（そうめい）……物事の理解が早く、賢いこと。
P153 一日千秋（いちじつせんしゅう）……ある物事や人が早く来てほしいと願い、非常に待ちどおしいことのたとえ。
P159 八面六臂（はちめんろっぴ）……多方面でめざましく活躍すること。
明朗（めいろう）……こだわりがなく明るくほがらかなこと。
P161 功徳（くどく）……よい行いをした結果、むくいとして得られる果報。
披瀝（ひれき）……心の中や考えを包み隠さずに打ち明けること。
P164 新進気鋭（しんしんきえい）……その分野に新しくあらわれて、勢いが盛んで、将来有望な様子。
P166 楚々（そそ）……清らかで美しい様子。多くは若い女性についていうことば。
P169 進境（しんきょう）……進歩や状態の度合い。上達した境地。
P170 高潔（こうけつ）……人柄がりっぱで、利欲のために心を動かさないこと。
P172 天の配剤（てんのはいざい）……天は、人それぞれに資質や能力、機会などを適切に配するものであるということ。
P178 先見の明（せんけんのめい）……事が起こる前にそれを見抜く見識。
P183 立志伝中（りっしでんちゅう）……人一倍の苦労と努力で、逆境から身を起こし成功した人をいうことば。
P199 感懐（かんかい）……ある事柄にあたって心に抱く思い。
P204 杞憂（きゆう）……心配する必要のないことをあれこれと心配すること。取り越し苦労。
P210 欺瞞（ぎまん）……あざむき、だますこと。
P211 銘記（めいき）……深く心に刻みつけて忘れないようにすること。
P213 訥弁（とつべん）……話し方がなめらかでない様子。

CHAPTER 4

上司・先輩のスピーチ

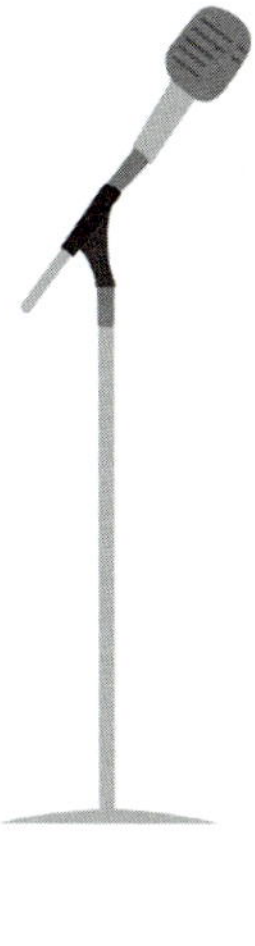

上司・先輩のスピーチとは

媒酌人や両家代表、親族代表などのスピーチには一定のパターンがあり、ある程度この型にそって話すことが必要になります。しかし、一般の来賓には特別なパターンがありませんので、比較的自由に話すことができます。

配慮しなければいけないのが、新郎新婦からスピーチを頼まれた理由、すなわち自分はどういう立場で話すことを望まれているか、ということです。

新郎新婦の上司であれば、職場での仕事ぶりを、エピソードをまじえて紹介するとよいでしょう。ほめるときは、ただ美辞麗句を並べるのではなく、できるだけ具体的にほめるようにするのが大切です。また、会社や製品の宣伝のような祝辞は、列席者をしらけさせてしまうので注意が必要です。

比較的年齢差のない先輩としての立場なら、新郎新婦のエピソードをユーモラスに話すこともできるでしょうし、多少は教訓的なアドバイスをすることも可能です。親しさの度合いに応じて、ある程度くだけた調子の楽しいスピーチが望まれます。ただし、だからといって調子にのりすぎて、日常どおりのラフなことばづかいにならないように気をつけなければいけません。

結婚披露宴の主役は新郎新婦であり、その会場には、性別も年齢も立場も異なるさまざまな人々が列席しています。スピーチは、新郎新婦だけに語りかけるものではなく、列席者全員が理解できる内容でなければいけません。むずかしい外国語や略語、専門用語や業界用語はできるだけ避け、誰にでもわかることばで、ていねいに話すことを心がけましょう。

新郎の上司①

家庭をあたたかい憩いの場に

つかみ 祝福と自己紹介

展開 エピソードと励ましのことば

①本日は、笠原家と日高家のご婚儀、まことにおめでとうございます。ご両人のお喜びはもとよりのことと存じますが、ご両家のお喜びも、これにすぐるものはないと存じまして、心からお祝いを申しあげます。

②新郎の健太君は、当社の設計課に勤めておりますけれども、まことに温厚篤実《おんこうとくじつ》な青年でありまして、このほど土木設計技士という資格もお取りになりました。土木設計技士と申しますのは、一定の知識、技術力、経験がないと取得できない資格でございます。その資格を取った健太君は、将来を期待できる好青年でございます。

趣味も広く、スポーツの面では、グライダー、バレーボール、スノーボード、水泳と幅広くたしなまれ、とくにバレーボールは公認審判員として、都内で開催される大会では審判をされております。

③私の同級生である新郎の中学時代の担任と、彼が入社した頃に食事をする機会があり、お聞きした話では、成績はまことにすばらしく、意欲的で、

祝福

①新郎新婦や両家の両親に対してお祝いのことばを述べます。自分と新郎新婦との関係について、すでに司会者から紹介されている場合は、必ずしも自己紹介は必要ないでしょう。

職場でのエピソード

②職場をともにするからこそ紹介できるエピソードを紹介します。上司としての視点から、日頃のがんばりや、将来の飛躍への期待などを述べるとよいでしょう。会社や製品のコマーシャルめいた内容は述べないようにします。

ポイント

新郎の職務上の資格、スポーツ面での資格を紹介して、努力家である一面を語り、新婦にも同意を求めてあいさつにまとめます。

しかも行動は正義感が強く、礼儀も正しく、級友の信望もあつかったとのこと。その後、進学校としては県下では一、二を争うK高校に進み、T大学を卒業ということも、もっともであるとうなずけるものがございます。

新郎が中学校に在学していました当時の文集を、同級生の担任に見せていただいた中に、「ほんとうの価値ある中学生とは、スポーツマンのような純粋な心をもち、良心的に行動する中学生だと思う。そのような中学生は、自分の行動の結果として、人に左右されない信念をもっている」という書き出しで、「私は、純粋で良心的な人間になりたい」と結んでいる作文がございましたが、新郎を見ておりますと、十五歳のことばのままに今も生きているという感が深いのでございます。また、新郎は中学卒業に際しまして、在校生に贈ることばとして「ローマは一日にして成らず」と書き残しております。彼が努力家であったからこそ、このことばを愛したのだと存じます。

④新郎が十五歳のときに愛し、後輩たちに残したことばを、今日《きょう》、改めて

その他のエピソード

③職場以外で交流がある場合は、プライベートの話や学生時代のエピソードを紹介するのもよいでしょう。

将来への励まし

④新郎新婦の新しい門出に際し、将来への期待と励ましのことばを述べます。新郎、新婦のどちらか一方としか面識がない場合でも、二人へ向けたメッセージを贈りましょう。

新郎新婦に贈り、今後お二人で、このことばを愛していただき、そしてすばらしいご家庭を築いてくださるよう、お願いいたします。
さらにひとこと、お二人に望んでおきたいことを申し添えさせていただきたいと存じます。男性にとって仕事は大切な生命。土木設計技士、バレーボール公認審判員という二つの資格を生かして、どちらも真剣に取り組んでください。

祝福とお礼 **結び**

⑤そして、新郎が職場でも、バレーボール大会でも生きがいを見出せるよう、新婦は豊かな愛情と深い理解をもって、あたたかい憩《いこ》いの場を新郎のためにいつもご用意くださるよう、お願いを申しあげまして、お祝いのことばに代えさせていただきたいと存じます。
本日はまことにおめでとうございました。

結び ⑤最後に改めて祝福のことばを述べ、結びとします。「ご清聴ありがとうございました」などと参会者へのお礼のことばを述べてもよいでしょう。

ていねいで的確な仕事ぶり

つかみ

島本君、おめでとう。ご両親も島本君の今日の晴れ姿をご覧になって、さぞかしお喜びのことと思います。

ところで、ご年長の方が多数いらっしゃるところを、新郎の島本君と同じ職場で働いているという意味で、ご指名にあずかりましたので、ひとことお喜びのごあいさつを申し述べさせていただきます。

展開

新郎の島本君が当社に入社してまいりましたのは五年前で、すぐに企画課に配属され、以来、ずっと私と一緒に仕事をしてまいったわけでございます。

ちょっと見にはぶっきらぼうで、愛想のない男のように見受けられますが、つき合ってみると、これが実にいい男でございます。ぶっきらぼうに見えるのは照れ屋のせいでして、仕事をさせれば、ていねい、かつ的確に処理してくれます。

私が一番感心しておりますのは、今までに仕事を頼んでイヤな顔をされたことが一度もないということでございます。

退社時間まぎわに面倒な書類を頼んだことも何度かありましたが、彼は常に快く引き受けてくれました。

とくに最近は、今日《きょう》の新婦の歩美さんとのデートもあったのではないかと思われるような日に、仕事のため、デートをすっぽかしたことも一度や二度ではなかったかもしれません。その責任は、すべて私にありますので、歩美さん、どうか島本君を許してやってください。

聞くところによりますと、お二人の交際はテニスをとおして始まったとのこと。実は私もテニスをとおして今の妻と結婚しました。夫婦が趣味を同じくすることほど、家庭円満の秘訣はないと思います。

どうぞいつまでも、五十になっても六十になっても、テニスを楽しむような、心身ともに若い夫婦であってください。

結婚されてからは、恋愛時代とはまた違った面をお互いに発見して、より一層新鮮に思えたり、またがっかりしたりすることもあるでしょう。しかし、夫婦というものは、甘い新婚時代を過ぎてからは、同じ目的を目指す同志というか、戦友と思って暮らすのが、いちばんうまくいくのではないかというのが、私のこの

ポイント

「仕事を頼んでもイヤな顔をしたことがない」という新郎の人間性を強調するとともに、仕事ぶりがていねいで的確であることを添えます。

頃の感慨でございます。

結び

テニスをとおして結ばれたお二人のことですから、スポーツにかぎらず、ものの考え方や価値観も一致しておられることと存じますが、男は外に出たら七人の敵があると申します。その敵には、良友もあれば悪友もあります。ときにはつき合いのために帰りが遅くなることもありましょう。しかし、それをそのたびにとがめだてをしては、島本君は成長しません。新婦の歩美さんもその点は心得て、あたたかく迎え入れてあげてほしいと願い、あいさつとさせていただきます。

上司

期待を裏切らないよう精進を

つかみ

ご指名がございましたので、ご来臨《らいりん》の諸先輩をさしおきまして、はなはだ失礼ではございますが、ひとことお祝いを述べさせていただきます。

吉田君、ご結婚おめでとうございます。こうしてお二人が並んでいらっしゃるところを拝見いたしましても、まことにお似合いのご夫婦であり、必ずやよいご家庭を築かれて、お幸せな生活を末永く続けられるであろうことは、目に見えるようでございます。

展開

結婚というものは、人生の花、なごやかでめでたいものでございますが、しかし、人生というものは、往々《おうおう》にしてイバラの道、あるいは荒波を泳ぐようなものでありまして、けっして、平坦な道ではないことも、よく肝《きも》に銘じて、これからは夫婦が力を合わせて、晴れた日、雨の日、嵐の日を無事に乗り切っていただくと同時に、職場においてもがんばってほしいと念願する次第であります。

吉田君は、N大学商学部を優秀な成績で卒業され、当社に入社以来六年、さきほどご媒酌人からもご紹介があったように、将来のホープと嘱望《しょくぼう》されている前途《ぜんと》

ポイント

新郎が将来のホープとして嘱望されている点をあげ、両親には子をもつ親の一人としての気持ち、新婦には上司としての願いを述べます。


有望《ゆうぼう》な青年であります。

その優秀な頭脳は、次々と斬新《ざんしん》な企画や業務の効率化などを生みだし、当社の発展に大きく貢献しており、同僚たちからもリーダーとして慕われていることは、上司の私もよく承知しております。

仕事ばかりではなく、学生時代からスポーツマンとしても知られ、アーチェリーの公認審判員、ヨットの公認指導員資格をおもちで、趣味は読書と音楽鑑賞であるとうかがっております。まことに文武両道《ぶんぶりょうどう》と申しますか、非の打ちどころのない人柄は、社内でも人気ナンバーワンといわれるほどの好青年。このような部下をもっている私も少々鼻を高くしています。

これからも、こうした期待を裏切ることなく、精進《しょうじん》してほしいと思います。

また、吉田君を手塩にかけて、このように立派にお育てになったご両親、結婚して巣立ちゆくわが子を見送るお気持ち、私も子をもつ親の一人としてお察し申しあげます。

結び

最後に、本日初めてお目にかかった新婦には、はなはだ恐縮ではありますが、今後もたいへん多忙な勤務が続くことがあると思います。その多忙の中でも、二人で協力して、あたたかい家庭を築いてくださるようお願いいたします。

自然主義の代表的作家の一人であるアイルランドのジョージ・ムーアは「ある人間が必要とするものを求めて世界中を旅してまわり、家へ帰ってきたら、何とそこにある」と述べています。幸せなご家庭をお作りください。

新郎の上司④

新郎の急成長は新婦のおかげ

つかみ

勝田君、早紀さん、本日はご結婚おめでとう。

先輩の一人として、また、上司の一人として、お祝いのことばを述べさせていただきます。

展開

勝田君がわが社に入社してきたのは、まだほんの昨日のような気がするのに、もう、こんなにきれいなお嫁さんをもらって、そんなところにかしこまって座っているのを見ると、時間の経つことの早さを思い知らされます。

彼は、ご覧のとおりのさわやかな好青年ですが、実は学生時代には山岳部にいたとのことで、日本各地の山を、部員たちと協力して登ったという山岳野郎なのです。

山岳旅行のことを語るときの彼は、目がキラキラ輝いて、そのすばらしさを何とかして人に伝えたいという情熱にあふれており、最初はひやかし半分に聞いていた私も、しだいに身を乗り出して、真剣に聴き入ったものでした。

「山岳は無謀《むぼう》とは違います。十分な準備と、鍛《きた》えられた体力さえあれば、誰にで

上司

もできることです」というのが、彼の持論でありまして、人間の手で開発されていない自然がいかにすばらしいものかを一生懸命に語るロマンチストなのであります。

そんなロマンチストの勝田君を、この五年間、職場の上司として眺めてきましたが、彼は向上心が強い努力家で、一人で二役も三役もこなし、いつからか、職場にとって、なくてはならない人物に成長し、今や先輩に追いつき、追い越すほどでございます。

この急成長ぶりの原因がなにか、私には思いつかなかったのですが、本日、この宴席に出席いたしまして、初めて早紀さんを拝見し、この方の目に見えない影響力が、現在の勝田君の急成長の原因ではないかと思った次第でございます。

勝田君も、今日私が感じたような予感を早紀さんに感じ、ロマンチックな口説《くど》き文句を並べたのではないでしょうか。それに対する早紀さんの返事が本日の華《か》燭《しょく》の典。勝田君にとっても、先輩、上司である私にとっても、まことに喜ばしいことだと思っております。

ポイント

上司としては、部下の急成長ぶりは「新婦の目に見えない励ましの力」とたたえるほうが、二人にとって最良でしょう。

結び

七十億人を超える人類の中から、ある予感を感じて一つのカップルが生まれるということは、まさに〝神秘〟であります。それゆえ、この神秘さを、いつまでも大事にしていくべき責任があります。

よき伴侶《はんりょ》のことを、英語でベター・ハーフというそうですが、本日、多くの人々から祝福されたご両人は、ベターよりもベスト・ハーフであるべきであります。双方の深い愛情と信頼で結ばれたご両人にとって、このことは十分に可能であります。健康に留意し、職場を通して社会に役立つ人物になってほしいと念願いたします。

まとまりのない話で恐縮ですが、これをもちまして、お祝いのことばとさせていただきます。

新郎の上司⑤
ファイトマンに栄光あれ

つかみ

ご同席の皆様のうちで、一番頭が光っているので、ご指名を受けたのであろうと思います。ご指名を受けて立ちあがりましたからには、ひとことお祝いを述べなければ着席できませんので、ごあいさつさせていただきます。

成田君、このたびはご結婚おめでとう。ご両親も花の香りがただようこの会場で、このような盛大な披露宴を催《もよお》すことができて、さぞかしお喜びのことと拝察いたします。

展開

結婚、それは人生の新しい門出であります、当事者にとっては一生の大事業であり、人生の三大儀式のうち、自分で準備できる唯一のものでございます。と同時に、ご両人の結婚生活の開始を社会に宣言し、認めてもらうための儀式が結婚式であろうと存じます。

新郎の成田君と新婦の千尋さんのお二人は、この会場で華燭《かしょく》の典をおあげになり、披露され、多くの方々に祝福されながら、本日からはご両親という名の港を出港されるわけでございますが、人生という航海には、おだやかな日ばかりで

ポイント

上司として部下の仕事ぶり、人間性を披露したうえで、自分の後任者として推薦したことを話し、二重の喜びを与えることも激励の一手です。

はなく、台風の日もございます。しかし成田君が船長として、千尋さんが機関長として乗り込んだからには、それぞれの責任と義務を分担し、協力し合って、無事に目的とする港へ着岸させなければなりません。成田君は千尋さんというよき伴侶《はんりょ》を得たのですから、これはできると私は確信いたします。

と申しますのは、新郎の成田君とは、彼が入社されて以来五年間、私は成田君の上司として同じ職場をともにしてまいりましたが、その間の成田君の成長ぶりには、目を見張らせるものがございます。入社当時は学生気分が抜けずに先輩たちからいろいろ注意を受けていた青年が、一年、二年と歳月が経ち、職場にも多くの後輩が見られるようになってからは、エネルギッシュなムードメーカーに変身し始めたのです。

そして五年後には一人で二役も三役もこなし、後輩たちを叱咤《しった》激励《げきれい》しながら、どんどん仕事を片づけ、業績を伸ばしているのです。いったい、どこにこれほどのファイトを秘めていたのかと、驚かされることも多くございました。今や成田君は私たちの職場のリーダー的存在なのです。

私事で恐縮でございますが、先日、私は上司に呼ばれて転勤の内示を受けました。そのときに後任として成田君を推薦《すいせん》いたしました。成田君と同期入社の者に比べると異例のことなので、上司も驚いていましたが、五年間の彼の業績について細かく報告いたしましたところ、上司も納得してくれましたので、私も転勤を承知いたしました。このことは、近日中に発令されるものと存じます。

結び

成田君、今日の結婚式を機会に、君が私の後任者となることを皆様にお伝えいたしましたが、責任は重大でございますが、君ならば立派にやりとげてくださると確信しています。

どうぞこれからはご家庭も大切ですが、職場のこともよろしくお願いいたします。

新婦の上司①

園児たちのあこがれの的

つかみ

本日はご両家、ご両人様、まことにおめでとうございます。

新婦の由紀さんは、私どもの幼稚園に五年間勤めていらっしゃいます。先ほどからの皆様のお話からも十分おわかりいただけますように、由紀さんはそれはもう優しくて、明るいお人柄で、園児からも「先生、先生」と、たいへんな慕われ方でございます。

由紀さんはまた、子どもたちに対して単に優しいだけでなく、悪いことは悪いとして、厳しくたしなめる強さも、もっていらっしゃいます。そして、由紀さんが叱ると、不思議に子どもたちもいうことを聞くのでございます。

と申しますのも、由紀さんは、今日《きょう》のようなおしとやかな花嫁姿からは想像もつきませんが、すばらしい運動神経のもち主でございまして、サーフィン、スキー、テニス、サッカーなど、スポーツならなんでもござれという活動的な女性でございます。

ですから、日頃の行動もたいへんきびきびとしていて、子どもたちと走ったり、遊んだりするのにも群を抜いて活発であり、機敏《きびん》でありまして、それがまた、子どもたちの目にはカッコいいと映るようなのです。

そのような由紀さんですから、腕白坊主《わんぱく》たちも、由紀先生を見習いたい、由紀先生のようになりたいと、人気の的でございます。

そんなわけで、由紀さんですから、私どもの幼稚園におきましては、なくてはならない存在でございまして、結婚されるとうかがったとき、私が真っ先に考えましたことは、やめられたら困るなあということでした。

しかし、「子どもたちが可愛いから、まだ当分は仕事を続ける」とうかがいまして、内心は大いにホッといたしたのでございます。

新郎の伊藤様には、なにかとご迷惑をおかけすることがあるかもしれませんが、ここはひとつ、子どもたちに免じて許してやってほしいと思っております。

「妻にするなら、子どもとお年寄りに人気のある女性を選べ」と申します。その意味でも、由紀さんは理想的な花嫁と申せましょう。また、勤めをもった妻へのいたわりは、夫として当然のことでございます。愛情をもって由紀さんを助けてあげてください。

ポイント

職場が幼稚園や保育園などの場合は、新婦が多くの園児たちのあこがれの的であることを強調するとともに、上司としてのアドバイスを述べます。

結び

由紀さんも伊藤さんのご両親には実家のご両親以上につくすよう心がけ、これからも今日《きょう》の感激を胸に秘め「初心忘るべからず」を肝《きも》に銘じて、新しい生活に一日も早くとけこんでください。

いささか手前みそを加えたような祝辞ではありましたが、ここにお二人の前途のお幸せを心からお祈りいたしまして、私のあいさつを終わりたいと存じます。

由紀さん、もう一度おめでとうといわせてもらいます。

優しい家庭的な心をもった新婦

つかみ

新郎の志賀さんと、新婦の裕子さんのご結婚を心からお祝い申しあげます。

お二人は今日《きょう》まで、それぞれに違った道を歩いてこられたにもかかわらず、どこで、どのような知り合い方をされて、今日《きょう》のよき日にご結婚されることになったのか私は存じませんが、やはり、人生の行路《こうろ》は、一人より二人のほうがベターであると思います。

短い距離の散歩ならば、一人歩きも気楽でよろしいでしょうが、遠路の登山や旅行には、気の合った者同士で出かけたほうが、一人よりも何倍も楽しいように、人生の行路もまた然《しか》りだと存じます。

展開

ところで、新婦の裕子さんと私との関係は、部下と上司、それもわずか一年足らずという短い期間でございます。私が旅行センターの所長として着任した当時、裕子さんはカウンターで多くのお客様と接しておられました。ほかにも数人のスタッフはいたのでございますが、なぜか裕子さんのところにこられるお客様が多いのに気がつき、部下を把握するうえからも、その対応の仕方などを注意深く見

ポイント

実務的な資格をもち、優しい家庭的な心根をもった新婦の場合、職場でのことはもちろん、その優しい真情にも触れて祝福しましょう。


守ってまいりました。

裕子さんは、皆様ご覧のとおり、たいへん美しく、また心の優しい女性でいらっしゃいます。ですから、最初は裕子さんはほかの社員に比べて、美しいからだろうという程度に見ていたのですが、それだけではなかったのでございます。

さきほど、司会者様からご紹介がございましたが、裕子さんは、簿記や英検のほか、ダンスのインストラクターの資格までもっておられる、文字どおりの才媛《さいえん》であります。

カウンターには日本人のみならず外国の方もこられます。そのような場合に、裕子さんの資格が有効に生かされていますし、心の優しい方ですから、ご高齢の方などにもにこやかに応対され、ほかのスタッフに比べましても、ことばづかいや接客態度が一段上なのでございます。これでは裕子さんのところにお客様が多く集まるのは当然でございます。私が上司ではなく、一人の客として相談に来た場合、多少待たされても、裕子さんに応対してもらいたいという気持ちを強くもちました。

そんな裕子さんのかねてからの念願は、自分は実務的な資格はもっていても、家庭のことはなにもできないから、結婚後はお相手のお母様にいろいろ教えていただきたいとのことでありました。近頃とかく若い夫婦だけで生活を楽しみたいという傾向の中で、まことに珍しく優しい家庭的な真情をおもちになった方だと思います。この謙虚な心があってこそ内助の功も遂げ得るのだと信じます。

結び

このような立派な素質、素養をもたれた裕子さんが、新郎と一心同体となり、お互いにつくし合われたならば家庭生活は万々歳でございましょう。裕子さんの前途を祝福いたします。

新婦の上司③

大人としての自覚ある家庭作りを

つかみ

このたびは、原田さんとのご結婚、まことにおめでとうございます。

私どもは○○株式会社の経理課に属しておりますが、総勢十人ほどの小さな所帯でございます。理恵さんは、その中にあってパソコンのエクセルの名手として経理にはなくてはならない存在であり、また、いつもニコニコと笑顔をたやさない、まさに経理課の花でしたので、このたびのご結婚は、私どもにとってとても喜びであると同時に、掌中《しょうちゅう》の珠《たま》を奪われたような寂しさをも感じております。

展開

経理と申しますのは、非常に手堅い能力を要求されまして、あまり華やかさとは縁がありません。地味に、コツコツとやることが身上《しんじょう》であります。

理恵さんは、毎日毎日、山積みされる仕事をきちんと的確に処理して、そのうえで若い後輩たちに気を配り、明るいユーモアで皆を笑わせるという方でありました。

このたび、結婚して家庭に入られるということで、課員一同大いに落胆したのですが、今日《きょう》、新郎の原田さんに初めてお目にかかって、この方のためなら理恵

上司

さんが仕事を捨てるのもやむを得ないと観念したしだいです。

理恵さんのことですから、きっと家庭に入られたならば、有能で美しい妻となり主婦となることでしょう。このことは私を含めて、経理課の一同が太鼓判《たいこばん》を押しておきますが、家庭というものは、国家の縮図のようなもので、自分一人のものではありません。共同生活なのですから、おのおのがわずかずつでも歩み寄らなければ平和は保ち得ません。

長い年月の間には、いろいろな風雪があるものです。川の流れと同じように、岩にあたり、激流となり、滝となり、ついには音もなく流れる大河となります。けっして逆らってはなりません。川の流れにまかすべきときもこれからあるでしょう。

理恵さんは、自分なりの考え方を確立されておられる方ですから、他人の意見に左右されたり、他人の基準で自分を計るなどということは、実にくだらないことであると気づいていらっしゃるはずです。そして、今までの自分の人生経験をもとにして、他人の気持ちがわかるようになっていらっしゃるし、独りよがりや相手への過分な期待ではなく、むしろ相手の気持ちを思いやれる余裕のある人に

ポイント

「大人」といえる新婦には、説教調ではなく、その個性をほめながら、ときには川の流れにまかせて家庭作りを……と話すようにしましょう。

成長なさっておられます。いわば、「大人」といえる方でございます。

結び

私は、結婚というのは、さまざまな形があっていいと思っています。ただあるのは、一人の男と一人の女がいるということ、その人間と人間が出会い、向き合い、そこからはじまり、作りあげていくものですから、自分たちだけの個性ある暮らし方を作っていくことが大切だと思います。

さしでがましいことを申しましたが、末永くお幸せに。

「早く早く」より「ゆっくりゆっくり」

つかみ

このおめでたい席に参加するのを許され、心からのお祝いを申しあげる機会を与えられましたことを、私は光栄と思い、深く感謝いたしております。

ただいま、ご紹介にあずかりましたとおり、私は新婦の上司として、○○株式会社に勤務し、変化の激しい社会の中で生きていますが、職業柄、外国人と接する機会が多く、中には日本語をまったく話せない人もいます。

展開

日本語をひとことも話せない外国人が、一ヵ月か二ヵ月経つと、片言ながら日本語を話すようになるのには驚くのですが、日本に来て最初に覚える日本語は、なんだと思いますか？　それは「おはようございます」、「こんにちは」、もうひとつは「早く早く」。どこで覚えるのか聞いてみましたところ、日本のお母さんだというのです。

確かに、家庭内では子どもに「早くおふろに入りなさい」、「早くごはんを食べなさい」、「早く学校に行きなさい」、「早く寝なさい」といい、街では子どもの手をひいている母親たちは「マリちゃん、早く歩きなさい」と、口ぐせといっても

ポイント

家庭ではつい「早く早く」といってしまいがち。暮らしにゆとりをもたせるために「ゆっくりゆっくり」ということばの多用をすすめます。

いいくらい「早く早く」といっているんです。「早く早く」といわれて育つ子どもは、考えてみれば気の毒なものです。なぜ早くしなければいけないかの説明がひとつもなく、ただせかされているのです。どうして人生、そうせわしなく生きる必要があるのでしょうか。

ある中学の先生が、研修でフランスの小学校を訪ねたときのこと。担任の教師が骨折したため、三週間も学級閉鎖しているクラスがあったそうです。「そんなに休んで、よく親たちが黙っているものだ」と驚く日本の教師に、その学校の校長はこういったといいます。

「親のほうがそれを望んでのこと。ふだんゆっくりしつけられないことを教えられるよいチャンスだから、先生が完全に治るまで三週間休みにしてほしい、と申し出があったのです」。そしてさらに、その校長は「人生八十年。どちらにせよ、その長い人生のたった三週間か四週間のこと」とつけ加えたそうです。

日本でも「ゆとりある生活」の必要性が唱《とな》えられています。しかし、夫は仕事、子どもは勉強、妻は家事にパートにと、私たちの暮らしはまだまだ忙しすぎるようです。

「長い人生のほんの一瞬」、その心の余裕が、新しい何かを生み出すかもしれないのです。「早く早く」とせかすよりも、「ゆっくりゆっくり」とした生活ペースを大切にすることが必要だと思うこの頃です。「ゆっくり食べなさい」、「ゆっくり休みなさい」、「ゆっくり……しなさい」、その気持ちが、人の心を落ち着かせ、暮らしにゆとりをもたらすことになるのだと思います。

結び

愛さんも本日からは、「早く早く」よりも「ゆっくりゆっくり」ということばを多く使うようにして、暮らしにゆとりをもたせるよう心がけてみてください。

ご結婚おめでとう。

「生きる」ことの意味を考えて

つかみ

先輩やご年長の方が多数いらっしゃるところ、新郎新婦と同じ職場の上司という意味でご指名にあずかりましたので、ひとことお喜びのごあいさつを申しあげます。

展開

新郎の亮君が当社に入社してこられたのは四年前、また、新婦の麻衣子さんが、入社なさったのが二年前でございます。

ともに、まだ、ほんの昨日のような気がいたしますのに、いつの間にか麻衣子さんのような美しい人をお嫁さんにもらい、また麻衣子さんも、わが社の優秀なビジネスマンを夫と呼ぶような間柄となられ、そんなところにかしこまって座っているのを見ますと、つくづく時間の経つことの早さを思い知らされます。

と同時に、亮君、麻衣子さんのご両親はじめ、ご家族の皆様方のお喜びはいかばかりでございましょう。お二人のお喜びの陰には、こうした多くの方々の限りない愛と、先輩や同僚のたゆまざるあたたかいご指導、ご鞭撻《べんたつ》が存在したということを、きっと考えておられることと存じます。

ご存じのように、お二人の前途、いや、ここにご出席の若い方々の前途には、多くの欺瞞《ぎまん》や混迷が待ち受け、若者の感傷《かんしょう》など許さない、厳しいものがあります。その中で、ややもすると自分の進むべき方向を見失い、すっかり自信を喪失《そうしつ》してしまうようなときが訪れるかもしれません。

そんなとき、自分が生まれ、育ち、今日《きょう》の門出に至ったまでのことを、静かに思い起こしてみてください。きっと、その間の多くの方々のいろいろな教えが、思わぬ手助けをしてくれるでしょう。あるいは、ご両親やご家族の方々が、日常さりげなく示し続けてくださった思いやりの数々が、お二人を再び勇気づけてくれるかもしれません。そして、学生時代や社会人となってからの同僚や友だちとの語らいの中で、模索し続けた生きることの意味を、今こそ真剣に考えるべきときであることに気づくかもしれません。

吹く風はさわやかな今日《きょう》、まさにはばたく鳥にも似た、お二人の姿は、まことに頼もしく輝かしいかぎりでございます。

世界は、日々刻々と変化を続けています。インターネットの普及などによって、さらに情報は早く伝わり、世界は小さくなっているような気さえしております。私が今まで生きてきた五十年とは、また違った五十年が、この先には広がっているのでしょう。

結び

これからの時代が、平和と希望に満ちあふれた明るく美しい世界となるためにも、どうぞ二人は力を合わせ、真実を見失うことなく、若い英知と、新しい発想を、さまざまに揺れ動く現代の中に活用させ、明日の世界のために役立ててください。

ご多幸を祈ります。本当におめでとう！

ポイント

二人が結ばれるまでのこと、また、独身時代の仲間と話し合ったことなどをよく考え、思い起こして、真剣に生きることを強調します。

上司

赴任先の環境に早くとけこんで

つかみ

額田さん、美幸さん、ならびにご両家の方々に、心からお祝いを申しあげます。ご両人のお喜びはもとよりのことと存じますが、ご両家のお喜び、これにすぐるものはないと存じます。

展開

さて、新郎の額田君は、先ほどのスピーチでも紹介がございましたように、K大学を卒業されて当社に入社、国際事業部に配属されて以来、多くの海外企業との取引を担当し、仕事をしておりますが、責任感が強く、きわめて有能な信頼にあたいするビジネスマンでございます。

また、新婦の美幸さんも、仕事上では非常によい働き手であり、額田君を助けながら、ほんとうに実のある仕事をなさいました。その上、明朗で快活、職場の誰からも愛されております。

本日、めでたくお二人が結婚されたのは、部内の者、また、私といたしましても当然のことと受け取っておりますが、なぜ、急に挙式となったのか不審に思われる方が多いと存じますので、私から説明させていただきます。

ポイント

海外赴任が決まったので急拠挙式をすることになった理由、赴任先の状況を説明し、環境に早く慣れて生活環境を作るよう語ります。

額田君に転勤の内示がございましたのは今から三ヵ月前でございます。そして新婦の美幸さんが会社を退職されたのは、つい半月前でございます。

ある日の夜、二人がそろって、私の自宅にこられました。そして、額田君は転勤のときには美幸さんと結婚して二人で赴任先に行きたいといわれるので、美幸さんにも聞いてみました。同じ部内で額田君を助けながら仕事をしているうちに、美幸さんも額田君と結婚したいと思うようになったものの、来年か、再来年の秋頃と考えていたようです。ところが額田君に転勤の内示があり、それも韓国のソウルで三年間は帰れないと聞かされ、すぐに、結婚したいと額田君が美幸さんにプロポーズをし、ご両親にも打ち明け、ご了解をいただいて私のところにまいったのでございます。

その翌日から、二人の周辺はあわただしくなり、今日《きょう》の挙式となったわけでございます。

したがいまして、本日の結婚式がお二人の歓送会でもあるわけでございます。

ご存じのように、額田君の赴任先であるソウルは、韓国の政治、経済、文化、教育の中心であり、韓国の首都として、日本でいえば東京にあたりますが、人口比率や都市機能の集中ぶりからみましても、韓国内に占める比重はきわめて大きい国際都市でございます。しかし、日本を離れて、三年間とはいうものの異国で暮らしていくということは、お二人にとって、またご両親にとりましても、ご心配のことと思いますが、商社勤務のわれわれにとりまして起こりうることであり、将来有望な額田さんには、さらに避けられない使命なのでございます。

結び

かくなるうえは、一日も早く現地の生活にとけこむように努力され、新しい環境に適応しながら、しかも独自のライフスタイルをうまく編み出してほしいと思います。

お祝いのあいさつと歓送のことばをかねさせていただきました。お元気でお幸せに。

荒波を乗り切る「箸」の力

つかみ

船田君、由佳さん、今日《きょう》は改めて、おめでとうと申しあげます。日頃会社で顔を合わせ、仕事上のことで二人にかぎらず叱ってばかりいるほうが多い私ですが、本日はお二人にとっては第二の人生のスタートでありますから、なにか役に立つ話を、と考えたのですが、浅学非才《せんがくひさい》の私は、なにをお話ししてよいのか迷っております。

さて、皆様の目の前、私の目の前に箸《はし》がございますが、箸にはどんな意味があるかご存じですか？　箸は日本人の精神構造に大きな影響を与えているのです。

その第一は、箸は「生命力の象徴」とされていることで、〝箸を使う〟とは〝生きる〟ということと同じ意味があるというのです。「箸が使えなくなったらおしまいだ」ということばがありますが、普通の健康な人が箸を使えなくなるということは、ものを食べられなくなることであり、生きていくことがむずかしくなることを示すものです。ですから、昔から箸には使う人の強烈な生への願望が込められてきました。

今日《こんにち》、神社仏閣から授けられる神箸《かみばし》、霊箸《れいばし》が、「長寿箸」「延寿箸」「福寿橋」

「厄除《やくよ》け箸」「繁栄長寿箸」などの名前で呼ばれているところをみれば、日本人が箸にいかに延命長寿、無病息災《むびょうそくさい》、厄除け開運の祈りを込めているかが、理解できます。

第二に、箸は「結合の象徴」とされたことです。昔から日本人は、神祭りの供《く》物《もつ》を一緒に食べたり、同じ釜の飯を食べたりする共食信仰があります。箸を使う宴は、人々の心をやわらげ、しっかり結びつけます。昔から村人たちが共同で行なった神祭りには、清い霊木で箸を作り、神への供物とともに供《そな》えました。その神箸を使って、人々は供物を分け、神とともに食べました。現在でも多人数でお茶を飲むとき、漬物やお菓子を、同じ一膳《いちぜん》の箸で、それぞれが小皿にとって手で食べる風習があるのは、その名残《なご》りで、この神箸によって、人々は神とよばれるとともに、共同体の構成員であることを確認したのです。

昔、一寸法師《いっすんぼうし》がお椀の舟に乗り、箸の櫂《かい》で漕《こ》いで都にのぼり、箸のもつ強い力で鬼を退治し、美しいお姫様と結婚して、出世した話はご存じのことと思います。箸は悪鬼邪霊を払う呪具《じゅぐ》であり、一方で男女の「かけはし」であることがうかが

ポイント

なにを話してよいのか困った場合は、結婚式にふさわしい物品のいわれや物語を引用するのもひとつの方法です。ただし結びはしっかりと。

われます。また、最近は箸を上手《じょうず》に使えない子どもや若者が増えてきています。箸を使うということは、食事をするだけではなく、はさむ、つまむ、支える、運ぶという四つの機能があり、どれもみな集中力と持続力が要求され、教育的波及効果は大きいといえます。

結び

新郎は、一寸法師ではございませんが、由佳さんという美しい女性と結婚されたわけですから、箸のもつ強い力で人生の荒波を乗り切っていただきたいと思いますし、この宴に出席された全員は、神箸によって結ばれた共同体の構成員であることを確認いたしたわけでございます。

今後のご活躍とお二人のお幸せを、全員で念願し、ごあいさつといたします。

新郎の大学の先輩

晩婚の新郎がうらやましい

祝福と自己紹介 つかみ

①竹内君、なつみさん、ご結婚おめでとうございます。

②竹内君と私は、大学のサッカー部の仲間でした。私のほうが二学年上で、一応彼の先輩ということになるのですが、大学卒業後もずっとおつき合いをさせていただいておりますので、今ではもう先輩後輩といった垣根はすっかり取り払われまして、よき友人同士といった関係です。

エピソードと励ましのことば 展開

③私を筆頭にしまして、サッカー部の仲間たちのほとんどが、すでに身を固めております。ところが竹内君だけが、そうした仲間たちを尻目に悠然《ゆうぜん》と構え、なかなか独身生活から足を洗おうとしません。いつの間にか年齢も三十五歳をすぎ、私たちは大いにはがゆく思っていたものでした。

その竹内君がついに身を固めることになり、私たち学生時代の仲間としても、「あいつもようやく片づくか」と、まことにホッとしているところです。

しかし、本日はじめて新婦のなつみさんにお目にかかり、その美しさに

祝福 ①新郎新婦、また両家の両親に対してお祝いのことばを述べます。

自己紹介 ②新郎新婦との関係を参会者に対して紹介します。学生時代には、部活動などを通じて親密なつき合いが生まれることも多いでしょう。お互いの親しさが感じられるような自己紹介を。

新郎新婦とのエピソード ③新郎新婦に対して一対一ではなく、学生時代の友人やグループの仲間の気持ちを代表するようなスピーチをしましょう。

! ポイント

晩婚の新郎に若い新婦というカップルの場合、わが身と引き比べて新郎をうらやみ、祝福するのも、スピーチのコツのひとつです。

目を見張りました。「時間をかけて、じっくりと、素敵な女性を探しているんだよ」といっていた竹内君のことばを思い出します。

本日ご招待にあずかって、こちらの席に並んでいる友人たちの羨望《せんぼう》の眼差しに、竹内君は、さぞかし気分がいいのではないですか？　皆一様に「ひょっとして自分の結婚は早まったのでは……」、内心そんなことを考えているはずです。かくいう私ももちろんその一人なのですが……。

先ほどの、ご媒酌人様のお話によりますと、新郎と新婦の年齢は、ひとまわり以上も違うのだそうですね。ますますうらやましいかぎりでありますが、その話はともかく、二人が話が合わなくて困るのではないか、などと余計な心配をしてしまいます。

④何しろ竹内君は、在学当時から、妙に落ち着きのある男でして、だらしない先輩たちに代わって、よく部をまとめてくれていました。私も彼からさりげなく注意を受けたことは一度や二度ではありませんでした。

先ほど申しあげましたように、竹内君は学年では私より二年後輩でした

当時のエピソード

④学生時代の話、仲間うちでの意外なエピソードなど、距離の近い先輩後輩だからこそできるスピーチの内容にするとよいでしょう。

結びのことば 結び

が、落ち着きの点では、ずっと先輩だったのです。「しっかりの竹内」、それが彼のニックネームだったのです。

⑤おそらくなつみさんは、竹内君のそうしたしっかりしたところに魅力を感じておられるのではないかとは思うのですが、しかし竹内君、君もなつみさんのように、若くて、美しい奥さんをもらったからには、もう少し若返りを図ったほうがいいんじゃないかな。大学卒業当時のことを思い出し、たくさんの希望をもって、二人で第二の人生をスタートさせてほしいと思います。

⑥もう一度、心からお二人を祝福いたしまして、私のあいさつを結ばせていただきます。

竹内君、なつみさん、おめでとう。しっかりと、明るい家庭を築いてください。

期待
⑤二人の門出に向け、幸せを願う期待のことばを述べます。新郎、新婦のどちらかとしか面識がない場合でも、二人に向けたメッセージを。

結び
⑥最後に改めて祝福を述べ、結びのことばとします。

新婦の手料理は抜群

新婦の専門学校の先輩

つかみ

ただ今ご紹介にあずかりました、川村玲子でございます。

新婦の直美さんとは、専門学校で、ともに調理の勉強をしてまいりました。二人ともたいへんな食いしん坊で、調理の勉強よりも、食べる楽しみばかりが先行し、勉強と称しては毎日のように食べ歩きを楽しんでいた仲なのです。

展開

とは申しましても、結局食べるほうが専門になってしまった私とは違って、直美さんはしっかりと調理の腕を磨かれ、とても見事なお料理を作られます。味はもちろんのこと、見た目に気を使い、食べるのが惜しいような美しいお食事を、何度かごちそうになったことがございます。

これから毎日、直美さんのおいしい手料理に舌鼓《したつづみ》を打たれる勝田様は、ほんとうにお幸せな方だと思います。直美さんも、ますます心を込めて、ひと味もふた味も違うお料理を作られることでしょうね。

おいしいお食事は、楽しい生活の基本ですから、お二人のご円満は、もう決まったようなものですね。

あまり食べることばかりお話ししては、お聞きの皆様に、はしたなく思われてしまいますので、このあたりで話題を変えたいと思います。

直美さんは、ご結婚を機に、お勤めをおやめになるそうですね。以前私に話してくれた夢を実現させていくんだなあと、先ほど会社の同僚の方のお話をうかがいながら、その夢の内容を思い出していました。

直美さんは、結婚したら、きっぱりと仕事をやめ、家庭に入って主婦業に専念すると、常々おっしゃっていたのです。できればたくさんの子どもにめぐまれて、幸せな家庭を築きたいともお話ししてくれました。

近頃は、結婚しても仕事を続ける女性が増えていますが、本気で取り組んだならば、主婦業もたいへんな仕事だと思います。社会に出て働く以上に、やりがいのある仕事といえるかもしれません。

愛する人と、子どもたちのために、家庭を守る、こんなに幸せで充実した仕事があるでしょうか。

ポイント

無理をしてうまく話そうとする必要はありません。素直に「おめでとう」という気持ちを伝えれば、それだけでよいスピーチになるものです。

結び

今、直美さんが思い描いていた夢が実現され、私はうれしさと感動にひたっております。私も早く勝田様のような、素敵な方と巡《めぐ》り合って、家庭をもちたいと思います。きっと私も、お料理上手な奥さんになってみせますからね。

勝田さん、直美さん、いつまでもお幸せに。

共通の大学の先輩

がんばれ！一年生夫婦

つかみ

ただ今、司会の方からご紹介をいただきました森川でございます。
誠君と明日香さんのおめでたい結婚式にあたり、ひとことお祝いを述べさせていただきます。

展開

私は新郎新婦と同じ大学の、文学研究会の先輩にあたる者ですが、誠君とはわずかに一学年違い、妙に気が合って、あまり先輩、後輩を意識したことはありませんでした。一方、明日香さんのほうは、私が四年生のときの一年生。短大から入会してきたのですが、入会当初から実に可愛い人で、上級生の間では、たいそう評判になっていました。

そんなわけで、私のほうからは、常々仲良くなりたいと思っていたのですが、明日香さんからは、よほどこわいオジさんに見えたのでしょう。声をかけようとすると、逃げられてしまうといったありさまでした。

やがて私は大学を卒業し、しばらくして誠君の口から、二人がつき合っていることを聞かされました。それからずいぶんのろけも聞かされました。明日香さ

ポイント

新郎新婦共通の先輩ですが、より親しかった新郎を中心に話しています。若くして結婚することに不安を感じている新郎へ、思いやりのあることばを述べます。

んが、私が思っていたほど、女性的で、優しいばかりの人ではないということも。「思ったことをとてもはっきり口にしてくれるところがいい」と、誠君はいっていましたよ。

そして二ヵ月ほど前でしたか、久しぶりに誠君から電話がありまして、一杯飲むことになりました。その席で彼は開口一番、「僕、結婚しようと思うんです」と言い出し、私を驚かせました。私もこれまでのことは知っておりましたので、すぐに、明日香さんとのことを決心したんだなと、納得した次第です。

しかし、彼はどうも大学を卒業したばかりの、社会人一年生である自分に、まだ自信がもてないようでした。私もこのときばかりは少々先輩ぶりまして、「結婚すれば責任感も生まれるし、ますますがんばって働くようになる。また、それができないようでは、いつまで経っても結婚する資格はもてない」と申しました。彼は力強くうなずいてくれました。

誠君のよいところは、こうした素直さにあるとおもいます。それが正しいと思えば、人の意見も素直に受け入れ、自分が間違っていると思えば潔《いさぎよ》く悔い改める。

口でいうのは簡単ですが、これはなかなか難しく、実に勇気のいることなのです。明日香さんも、きっと、誠君のそうしたところにひかれたのでしょう。

結び

ともあれ、今日から誠君は社会人としてばかりではなく、家庭人としても一年生になったわけです。今までの自由な生活とは違い、さまざまな苦労も経験していくことと思います。しかし明日香さんも、また、今年短大を卒業したばかり。一年生同士なんですから、肩の力を抜いて、二人で力を合わせていけば、きっとすばらしい家庭が作れると思います。どうか、仲よくやってください。

誠君、明日香さん、今日《きょう》はほんとうにおめでとう。

新婦の高校の先輩

新郎のよきマネージャーに

つかみ

山田さん、久美子さん、ご結婚おめでとうございます。

久美子さん、あなたの美しい姿を見て、私はなんだか自分のことのようにうれしくて、とても感動しています。

申し遅れましたが、私は久美子さんと高校のバスケット部でご一緒させていただいておりました、木下でございます。学年では、私が久美子さんの一年先輩にあたります。

展開

久美子さんは、入学してすぐに、バスッケトボール部に入ってこられました。当時彼女は、長い髪を三つ編みにして、大きな目のくりくりとしたとってもかわいい女の子でした。バスケをやるには少し小柄だったのですけれど、そういわれると、「でも好きなんです」とハキハキ答えていました。

ところが、その久美子さんが、二年生になったばかりの頃、アキレス腱《けん》を傷《いた》めてしまったのです。歩くことには、すぐに不自由がなくなったのですが、バスケをやるには少し問題が残りました。大好きなバスケができないということで、あのときは久美子さん、ずいぶんつらい思いをしましたね。

でも、久美子さんは、やっぱりバスケットボールを捨てることができませんでした。久美子さんは選手をあきらめ、チームのマネージャーとして、部に残ってくれたのです。マネージャーの仕事といえば、それは選手以上につらいものです。けっして脚光を浴びることのない、影の存在です。それでいてなくてはならない大切な役割です。

練習場所の確保、練習試合の交渉、ユニホームの洗濯、ボールの補修……ほんとうにたいへんな仕事で、なかなかやりたがる人がいないのです。でも、久美子さんは、愚痴ひとつこぼさず、卒業するまでマネージャーをやり遂げてくれました。

コートを走りまわる私たちを見ることが、つらかったときもあるでしょう。でも、私たちは、一生懸命仕事をしてくれる久美子さんの姿に励まされて、がんばれたのだな、という気がしています。久美子さんは、私よりも年下ですけれど、苦労をしたせいで、ずいぶん大人になられたようです。そんな久美子さんの姿は非常にまぶしく見え、どちらかというとわがままに育った私には、教えられることが多く、「久美子さんのようにならなくては」と、苦しいときにはよく思ったものです。

結び

新郎の山田さん。これから久美子さんは、山田さんのすばらしいマネージャーになってくれるはずです。山田さんも、あの頃の私たちのように、久美子さんの素敵な笑顔を見られることでしょう。名マネージャーのいる山田家は安泰です。

久美子さん、お幸せに。お二人の末永いご幸福と、ご健康を、心からお祈りいたします。

ポイント

マネージャーになった経緯や仕事ぶりから、新婦の人柄がよくあらわれています。ただし、深刻な口調にならないように注意しましょう。

新郎の同郷の先輩

夫婦も一生、友だちも一生

つかみ

中村と申します。

新郎の北林君とは、同じF県の出身でございまして、大学時代に県人会で知り合い、意気投合して今日《こんにち》にいたっております。

諸先輩方の慈愛《じあい》あふれるご教訓のあとでは、私のような若輩《じゃくはい》者が、乏しい経験の中から人生訓めいた話をするのも気がひけます。そこで、もし少しでもお二人のお役に立てるのならばと思い、わが恥多き結婚生活の一部をご紹介し、はなむけのことばとさせていただきます。

展開

「夫婦ゲンカは犬も食わぬ」などと申しますが、正直、誰かに食ってもらわなければ収拾のつかないようなケンカをすることもございます。そうしたケンカというのは、ごくつまらないことが原因で起こるのが常であり、つまり問題は原因にあるのではなく、二人が慢性的にもっている不満が諸悪の根源であるといえましょう。これが、そのつまらないきっかけを経て吹き出してくるわけですから、いくらお互いにかみつきあったとしても、容易なことで収まるものではございません。

ポイント

新郎新婦と同世代の人が結婚観や人生訓を話すときは、自分の失敗談をまじえて、ユーモラスに語ります。

そんなとき、なによりも効果を発揮するのが仲間の存在であります。夫は居酒屋、妻は井戸端会議にかぎります。そこでは、お互いに夫婦ゲンカを食い合って、愚痴をこぼし、いずこも同じかと安心し合う。いわば心のよりどころのような場所なのです。

ところが私は、最初のうちこれに気づかず、一大決心をしなければ友人が訪ねてこれないような、人影まばらな郊外に、新居を構えてしまったのです。はじめの頃はそれでもよかったのですが、少しずつ生活に慣れ、やがて長男が生まれてだんだん手がかかるようになってまいりますと、妻のイライラが目に見えてひどくなってきたのです。なにしろ話し相手がいないのですから、私に対する愚痴や世間話、子育ての苦労話などを話し合うこともできない。これではわが愚妻ならずとも、神経がまいるのは当たり前です。その一方で、私の居酒屋通いは健在だったのですからいい気なものです。

妻の不調に気がつくと、あわててそこを引っ越し、彼女が友だちと気軽に行きできる場所に住むことにしました。それからの妻は見違えるほど明るくなったことは、いうまでもありません。

結び

私が申しあげたいのは、夫婦が一生のつき合いならば、真の友人もまた一生のつき合いであるということです。友人の存在というものは、夫婦の愛情だけでは決して補うことができないすき間をうめてくれます。幸い、本日めでたく結ばれた北林君と智美さんにはすばらしい友人が大勢いらっしゃるようですので、この友人たちを大切にし、いつでも気軽に訪ねてもらえるオープンな家庭を作っていただきたいと思います。それがまた、夫婦の関係を一層深めることにもなるはずですから。

妙なはなむけのことばになってしまいました。どうか、末永くお幸せに。

新郎の青年団先輩

お母さん思いの新郎を尊敬

つかみ

達也君、さやかさん、おめでとう。
皆様、顔見知りの方ばかりですので、改めて自己紹介するまでもないとは思いますが、私は、新郎達也君とは青年団の仲間で、青木新一と申します。

展開

先ほどから皆様のごあいさつをうかがっておりますと、新婦のさやかさんは大層明るくて、働き者だそうですね。農家の嫁としては、これ以上ふさわしい方はないと思われます。

また、新郎の達也君も、さやかさんに劣らずの働き者。やはり健康で、明るく、人のいい男です。

ですから、今日《きょう》のこの新夫婦は、まさに似た者夫婦であるといえましょう。夫婦がそろって働き者であることは、忙しい農家にとって、何よりうれしいことではありませんか。

また、二人の明るさもすばらしいことだと思います。とくに一家の主婦が朗《ほが》らかであるということは、家全体も明るくしてくれます。さやかさん、いつまでもその笑顔をたやさずにいてくださいね。

達也君の家では、五年前にお父さんが亡くなられて、現在は達也君が中心になって、仕事を切りまわしております。お母さんは昨年少し体調を崩されたので、今はほとんど達也君が一人で働いているといった状態です。一人で畑の世話をする彼の姿には、いつも頭がさがりますが、彼がとくに偉いところは、常に病気のお母さんに対する、思いやりを忘れないことです。

私など少しばかり忙しい思いをすると、すぐに家族に文句をいってしまうという、情けないありさまです。それにひきかえ達也君は、仕事の量も私の比ではなく、かつまたお母さんに対し愚痴ひとつこぼしたことがないと、彼のお母さんがいっていました。私は、達也君より年上ですが、このような達也君を尊敬せずにはいられません。

今日《きょう》ここに、健康で働き者のさやかさんを迎えることができ、私も仲間としてなによりうれしく、自分のことのように喜んでおります。さやかさんも、農家の育ちですから、仕事のことはよく心得ていると思いますので、それについてはなにも申しません。ただ、安らぎのある、あたたかい家庭を作るよう、達也君とよく協力し合うこと、そして達也君のお母さんのことだけは、私からもよろしくお願いいたします。実の母と思って、大切にいたわってあげてください。

結び

達也君、願ってもないすばらしい伴侶《はんりょ》を迎え、さぞかしはりきっていることと思います。一家の主《あるじ》として、これからますますがんばってください。それから青年団にとっても重要な人物なのですから。

若い者が、生意気なことばかり申しあげましたが、お許しください。いつまでも健康で、仲良く、いい家庭を作るようお祈りいたします。

本日はおめでとうございます。

❗ポイント

同じ農業にたずさわる仲間として、新郎の仕事ぶりを称讃し、あわせて母親思いのあたたかい人柄を紹介します。

知っておきたい用語集

P226 **来臨**（らいりん）……人がある場所へ来ることを敬っていうことば。

P227 **斬新**（ざんしん）……発想が独自で、それまでになくきわだって新しい様子。

文武両道（ぶんぶりょうどう）……学問と武芸の両方に秀でていること。転じて、勉学とスポーツの両方に優れている人。

精進（しょうじん）……一生懸命努力すること。ひとつのことに精神を集中して励むこと。

P233 **叱咤激励**（しったげきれい）……大きな声で励まし、元気づけること。

P235 **機敏**（きびん）……そのときの状況に応じてすばやく判断し、行動すること。

P237 **手前みそ**（てまえみそ）……自分で自分のことをほめること。

P240 **内助の功**（ないじょのこう）……夫の外での活躍を家庭において支える妻の功績をいうことば。

P241 **掌中の珠**（しょうちゅうのたま）……いつも手のひらの中にもっている珠のようなものという意味で、もっとも大切にしているもの。最愛の子のたとえ。

身上（しんじょう）……一身に関すること。その人に備わった価値やとりえ。

P248 **感傷**（かんしょう）……物事に感じて心を痛めること。

P250 **快活**（かいかつ）……気持ちや性格が、明るく元気である様子。

P253 **浅学非才**（せんがくひさい）……学問や知識が浅く未熟で、才能に乏しいこと。自分の識見をへりくだっていうことば。

P257 **羨望**（せんぼう）……大勢の人たちから寄せられる期待や信頼。

P268 **若輩**（じゃくはい）……年が若い人のこと。経験が浅く、未熟である様子。

CHAPTER 5

同僚・友人のスピーチ

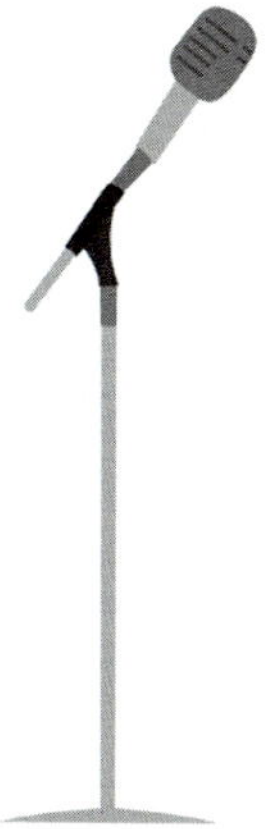

同僚・友人のスピーチとは

結婚披露宴の中でももっとも座を盛りあげ、披露宴の花となるのが、新郎新婦に一番身近な存在である、同僚や友人のスピーチです。

ともすれば慣習的ないいまわしに終始し、個性を失いがちな披露宴のスピーチの中で、同僚、友人のスピーチは、披露宴に個性的な彩りを添える大切な役割をもっています。ですから型にとらわれることなく、日頃接している新郎新婦の素顔を、できるだけ自由な表現で紹介するようにしましょう。

スピーチの際はできるだけ新郎新婦の具体的なエピソードを話し、等身大の人となりを紹介するようにします。また、身内の者をむやみにほめられない親族と違って、新郎新婦を大いにほめ、もりたててあげられるのも、親しい間柄ならではです。

多くの時間を新郎新婦と過ごしてきた同僚や友人であれば、紹介するエピソードには事欠かないはずです。その中から、もっとも新郎らしい、新婦らしい、人柄のよくあらわれた楽しいエピソードを話してください。ただし、注意しなければならないのが、欲張りすぎて多くのエピソードを盛り込みすぎないことです。テーマを決めたら、紹介するエピソードはできるだけひとつにしぼるようにしましょう。

また、いくら自由でよいといっても、友だち同士で話すようなことばづかいや態度をとってはいけません。披露宴は儀礼的要素の強い祝賀の席であり、非常にフォーマルな場ですから、あくまでもきちんとした態度で臨《のぞ》むことだけは忘れないでください。

新郎の同僚

「鈍」「根」「運」をくり返して

祝福と自己紹介　つかみ

①木下君、本日はほんとうにおめでとう。

こうして、美しい奥さんのそばにすまして座っている君を見ていると、ともに学び、よく遊び、よく語り合った時代の君の姿が、今ありありと目に浮かんできます。そして社会人となった現在、会社は同じでも課が違うことから、学生時代のようにはまいりませんが、同僚としてこの席に出席し、こうして祝辞を述べる機会を与えてくれたことに、感謝いたします。

エピソード　展開

②本日は、とくにおめでたい席上でありますので、あまり旧悪を暴露《ばくろ》することは差しひかえたいとは存じますが、実は昨年、彼より一足先に、ちょうど現在の彼の状態におかれ、私が生まれて初めて秀才であることを媒酌人から披露され、小鼻をふくらませて優越感にひたっておりましたところ、彼があいさつに立ち上がり、私が学生時代に試験のたびごとにノートを借りまわって四苦八苦していたこと、点数がギリギリで、何とか及第点をつけてもらうために、夜中に教授宅を訪問してねばったことなどを暴露し、

祝福
①新郎新婦に対してお祝いのことばを述べます。新郎または新婦と自分がどのような関係なのかを自己紹介してもよいでしょう。

エピソード
②自分と比較して新郎新婦の人柄を引き立てるという方法もあります。このときあまり自分を卑下すると暗い印象になってしまうので、明るくユーモラスに語るようにしましょう。

ポイント

新郎の同僚、友人として、ほんとうはお互いになんでもいえる人間関係であるとはいえ、おめでたい席ではほどほどにしましょう。

大いに男子の面目を丸つぶれにされた遺恨《いこん》が残っておりますので、ここで彼にちょっと仕返しをさせていただきます。

③そのとき彼が私にいったことばは、ひとことでいうと、主語を置きかえてみれば、それで事たりるわけであります。ここで一年ぶりに貸し借りをなくしたことになり、たいへん愉快な気持ちがしております。しかし、実をいいますと、このことは複数に置きかえていただきたいのでございます。すなわち、今お話しいたしましたことは、彼と私の二人が用いた常套《じょうとう》手段であったことを白状いたし、ハッピーエンドにいたします。

ところで、彼の性格の一端を示す古めかしいことわざを一つ引用させていただきます。

よく「運鈍根」が人生で必要な生活信条といわれておりますが、私はこの順番を「鈍」「根」「運」に置きかえたいのです。

④われわれの世代にとっては、当初は「鈍」であってもよい、最初からエリート意識は捨てよう、そうすれば、人生の荒波を渡るのにたゆまざる不

③エピソードはなるべく楽しい、なごやかな笑いを誘うようなものを選びます。ちょっとした失敗談なども座を盛りあげるには効果的ですが、新郎新婦を傷つけない内容にするよう注意します。

将来への期待
④晴れの門出を迎えた新郎新婦に将来への期待のことばを述べます。仕事の面での期待を述べるのもよいでしょう。

屈の根性を大いに養う必要が生じてきます。その「根」の課程をとおって、初めて「運」も開けてくるというものです。
彼の第一の人生は、このように社会に出てからも、誰にも負けない研究心と、旺盛なファイトをもって人生に処したからこそ、このような立派な女性を迎えることができたわけであります。これからは、彼の第二の人生が門戸《もんこ》をあけて待っております。

励まし 結び

⑤どうかお二人でいつまでも仲よく、手をとり合って、また「鈍」「根」「運」の順をくり返しながら、人生の道を歩き続けていかれることを祈ってやみません。私はお二人の栄ある門出を心から祝福して、杯をあげさせていただきます。
⑥これをもちまして、私の、お二人に対するお祝いのことばに代えさせていただきます。
最後にもう一度だけ、おめでとうといわせてください。おめでとう!

励まし ⑤二人の幸せを願い、励ましのことばを贈ります。
結び ⑥最後に、簡単な結びのことばを述べます。

新婦の同僚

大地に根を張った大輪の花を

つかみ

志保さん、すばらしいご結婚おめでとうございます。

今日《きょう》、初めて小松さんにお目にかかって、志保さんが四月に婚約なさってから半年間、どんなにこの日を待ちこがれておられたか、とてもよくわかるような気がいたします。

小松さんこそが、志保さんがいつも理想とされてきた男性像とぴったり一致するからでございます。

展開

「一人前の男性として立派に成長していながらも、どこか少年のような面影を残している人」というのが、志保さんの口ぐせでしたけれども、小松さんの優しそうな、あたたかそうな中にも、はつらつとして若々しい感じをお見受けいたしまして、志保さんが夢中になるはずだと思ったのでございます。

私と志保さんとは、同期入社で、入社初日に知り合ったのでございますが、志保さんはとても花がお好きで、生け花の草月流の免状をおもちでいらっしゃいます。そのうち、フラワーアレンジメントも習われて、もうすでに講師の資格をお取りになり、展覧会にも何度か出品なさって、その作品のすばらしさはいつも評判の的でございます。

ですから、今日《きょう》の結婚式でも、お花はすべてご自分で用意するとおっしゃって、ウェディングドレスのときにおもちでしたブーケから、各テーブルに飾られたお花をはじめとして、この会場にあるすべてのお花は志保さんの手によるものでございます。

志保さんはまた、ただお花をお部屋に飾るというだけではなく、ご自宅のお庭にすばらしい花壇をお作りになって、四季折々の花を、それは見事に咲かせていらっしゃいます。

小松さんとのご新居はマンションなので、「お花作りができないのが残念だわ」といっておられましたが、それでも、私たちが結婚祝いをさしあげるのに何がよいかとうかがいましたところ、「とにかく鉢植えをいっぱいちょうだい。ベランダに置きたいの」とのことで、どんなときでも花を愛し、花に囲まれて暮したいとおっしゃる志保さんの面目躍如《めんもくやくじょ》だなあと思ったことでした。

ポイント

以前新婦から理想の男性像を聞かされていて、式場で新郎が理想と違っていると思っても、口に出さずにさらりと流すのが礼儀です。

結び

今日《きょう》からはまた、家庭という大きな花を、長い時間をかけて育て、咲かせていかれるわけですね。ほかならぬ志保さんのことです。きっと誰よりも美しく、香りのよい、そして、しっかりと大地に根を張った大輪の花を咲かせることでしょう。

新郎の小松さん、志保さんはお花が好きなだけでなく、ご自分がこうと決めたら、それこそテコでも動かないような強いところもおもちですが、それが彼女のすばらしいところだと私は思います。どうぞ寛大なお心をもって、志保さんをあたたかく見守ってあげてください。

そして、いつまでもお幸せなご家庭を築いてください。

協力して困難を乗り越えて

つかみ

耕一さん、真衣さん、おめでとうございます。本日は、人生最大の慶事でございます結婚のご披露の席にお招きをいただき、しかも、このような丁重なおもてなしを賜りまして、まことにありがとうございます。

お二人の共通の同僚を代表して、お祝いのことばを述べよ、とのご指名をいただきましたので、僭越《せんえつ》ではございますが、ひとことお喜びを述べさせていただきます。

展開

人間は、ほかの動物と違って、自分の眼や心で相手を選び、結婚後は自分たちの力で、自分たちのための家庭作りをしようと努力します。

ここにいらっしゃる新郎新婦のご両親をはじめ、皆様方のご両親はいうにおよばず、私の両親を見ましても、現在に至るまでには多くの難問、障害が少なからずあったと思います。そのたびに協力し合い、助け合い、難問、障害を乗り越えてこられ、現在に至っておられるはずでございます。そういうことは口には出しませんが、私は両親と同じ家に住み、毎日顔を合わせ、ことばを交わしているう

ポイント

新郎新婦の幸せに思いを集中し、美辞麗句を並べるよりも、二人の心情を吐露（とろ）し、自分のことばで二人への愛情を述べます。

ちに、自然とわかってまいりました。こうした両親の努力は、なにものにも代えがたい、尊《とうと》いことだと思うのです。

お二人は、今日《きょう》から新しい家庭を作られるわけでございますが、ここに至るまでにはいろいろな困難があったことを、そして、それをお二人は強い愛情をもって乗り越えてこられたことを私は知っておりますから、耕一さんと真衣さんの晴れ姿を見たとき、私は涙が流れてなりませんでした。

今日《きょう》からのちも、平穏な日ばかりが続くとはかぎりません。雨の日、風の日、嵐の日もございましょう。そのときは、今日《きょう》の感激を思い起こしていただいて、自分の心で、自分の眼でこの人を妻に、あるいは夫に決めたのだから……と、考えていただきたいのでございます。男の人にいわせますと、「古い女房と畳は新しいのに取りかえたい」という気が起こることもあるそうですが、「糟糠《そうこう》の妻は堂より下《くだ》さず」ということわざもございます。貧しい生活をともにしてきた妻を、夫が立身出世《りっしんしゅっせ》したのちも大切に扱って、家から追い出したりはしないという意味でございます。

結び

私がこんなお話をするまでもなく、お二人は十分ご承知でございましょう。私もまた、耕一さんが私に「僕は真衣さんが好きだ。今初めて、ほんとうの恋をしている」と語ったこと、そして真衣さんが、耕一さんの人間性を信じ、愛して、どんな苦労もいとわず、耕一さんとともに笑いながら険《けわ》しい人生を歩んでいくという固い決意をもっていることを、忘れはいたしません。どうぞお二人さん、末永くお幸せに。

また、ご列席の皆様方も、この二人が、これから築いていかれる人生を、あたたかい心で、見守ってあげてください。

これをもちましてお祝いのことばとさせていただきます。

新郎の大学の友人
独身主義を誓ったはずが

祝福と自己紹介 つかみ

①新郎の大学時代からの友人で、川口と申します。
卒業以来、お互いに仕事に追われるばかりで、ほとんど会う機会のなかった新郎の落合君から、突然結婚するという知らせが届いたとき、とうとう彼も自説をくつがえしたな、と思い、今日《きょう》はぜひそのわけを聞こうと、楽しみにやってきました。

エピソード 展開

彼の自説、と申しましたのは、いわゆる独身主義のことです。
②当時落合君と私は、ほとんど同じ頃に、苦い失恋を経験いたしました。すでに時効になったことですので、お話しすることをお許し願いたいと思います。お互いの失恋を知った私たちはひと晩中酒を飲み明かし、夜も明け白む頃に固い誓いを立て合ったのです。「よし、一生独身主義をとおすぞ」と。
ずいぶん極端《きょくたん》なことを考えていたものだと思います。もちろん、単なる一時的な感傷《かんしょう》から、そんな結論を引き出したのですが、当時は二人とも真剣そのものでした。今になってはこんなことをまじめに考えていたかと思

自己紹介 ①披露宴には新郎新婦の友人が多く参列します。自分がどのような立場からスピーチをするのかを冒頭で述べておきましょう。

エピソード ②新郎新婦の過去の恋愛について話をする場合、相手方が知らない内容であれば避けたほうが無難でしょう。現在の幸せを裏付けるエピソードのひとつとして、さらりと明るく話すようにします。

うと、懐かしいというか、なんとまあ可愛いというか。われわれも少しは成長したということでしょうか。

しかし、それ以降は、ずいぶん気持ちもすっきりして、二人とも落ち着いて勉強にも取り組むことができました。おかげで私は、順調に就職が決まり、彼は大学に残って勉強を続けてきました。皆様のお話から、落合君が、大学の少壮《しょうそう》学者として、今や将来を嘱望《しょくぼう》される人物になっていることを聞き、さすがとも、よくやったとも思い、またたいへんうれしく感じています。

③ところで、冒頭の話に戻りたいと思いますが、落合君、君はいまだに独身をとおしている私に、なんと弁明してくれるのか……。今日《きょう》、私は、その答えを聞きにやってきたつもりだったのです。しかし、この披露宴の席に参列して、私は彼にそれを聞く必要がないことを悟《さと》りました。幸福そのものといった落合君の顔と、新婦真奈美さんの素敵な笑顔を並べて拝見すれば、もう、私はなにもいうことができません。

④聞いたところによると、真奈美さんは大学の事務局に勤めておられ、そ

③新郎、新婦のどちらか一方としか面識がない場合でも、相手方について忘れずに触れるようにしましょう。

❗ポイント

エピソードや話の要点は、必ずひとつにまとめたいものです。あれこれ欲張って話そうとすると、印象が散漫になります。

れを見そめた落合君が猛然とアタックしたそうですね。彼にそんな情熱があったことを知り、驚いております。私は現在独身ですが、彼との誓いを守り続けているのではなく、単に嫁さんがもらえなかったといったほうが妥当かもしれません。新郎新婦に刺激されて、私も改めて、家庭をもつことを真剣に考えようかと思いはじめた次第です。

励ましと結びのことば　結び

⑤落合君、君の責任は重大です。結婚というものがどんなにすばらしいか、私に立派な見本を見せてくれる義務があるからです。

⑥どうか末永くお幸せに。

ありがとうございました。

友人

二人のなれそめ
④二人の出会いのいきさつや結婚に至った経緯などは、親しい友人だからこそ語れるエピソードです。

励まし
⑤これから新しい生活をスタートさせる新郎新婦に対して、励ましと祝福のことばを贈ります。

結び
⑥最後に、簡単な結びのことばを述べます。

新婦の高校の友人

スーパーウーマンの弱点は

つかみ

亜矢さん、おめでとう。

ただ今、司会の方からご紹介いただきました杉本恵です。新婦の亜矢さんの無二《むに》の親友を自称しております。

今日《きょう》は、健太さんと亜矢さんの、輝かしい門出のお姿を拝見できて、うれしく思います。

展開

高校時代の亜矢さんといえば、今でも変わりないと思いますが、明るくて活発で、おまけに勉強がよくできて、面倒見がいい、そのうえ美人、と何拍子もそろったスーパーウーマンでした。

ですから男子生徒にも女子生徒にも人気があって、生徒会の委員長選挙に立候補したときはたいへんでした。まるで人気投票みたいに大騒ぎで、亜矢さんの得票は、一人、圧倒的に多かったんです。

ところが私たちの高校ときたら旧態依然《きゅうたいいぜん》というか、頭が固くて、どう考えても亜矢さんが委員長なのに、女子は副委員長と決められてしまって、たいへん悔し

ポイント

新郎新婦共通の友人ですが、新婦の友人の立場で話し、最後のオチを効かせます。気取らない親しみのある話し方が決め手です。

い思いをしました。でも、地団駄《じだんだ》をふんでいたのはまわりだけ。本人は至ってのんきでした。

でも、そんな亜矢さんにも、ひとつだけ弱点があったんです。実は彼女、当時クラスにあこがれの人がいたんです。いつもは活発な亜矢さんも、その人の前でだけはどうしても照れてしまって、ろくに話もできないんです。それでもなんとかして自分の気持ちを伝えたいと、一念発起《いちねんほっき》して、彼の誕生日に手編みのセーターをプレゼントすることにしました。

それまでも、少しは編み物の経験があったとは思いますが、なにしろいきなりセーターですからたいへんでした。

しかも悪いことに、彼の誕生日が、翌週に迫った期末試験の初日と重なっていたのです。はらはらする私を尻目に、彼女の決意は固く、まるで決闘にでも行くかのような、たいへんな意気込みでした。

彼の誕生日の当日、亜矢さんはウサギのような真っ赤な目で、教室にあらわれました。明け方ようやくセーターを仕上げたとかで、意識がもうろうとしてるようでした。とても試験など受けられそうにありません。ところが、ふたを開けてみれば、彼女はちゃんと、いつもどおり、トップクラスの成績をとってるんです。恋と勉強を両立させた亜矢さん、すごいのひとことです。

結び

セーターの彼とのその後のいきさつは、もう皆様おわかりのとおりです。健太さん、まだあのときのセーター、もっていますよね？

亜矢さん、いつまでもあのときの純粋さを忘れないでね。

お二人のご多幸を、お祈りいたします。

新郎の中学の友人
カンのよさは優秀な証拠

つかみ

ご紹介いただきました上原雄太と申します。

直輝君、奈津子さん、本日はおめでとうございます。

とうとう直輝君に先を越されてしまったので、私も早く結婚相手を探さねばと少々あせっております。

展開

直輝君と私は、中学時代の友人で、当時は二人とも陸上部に所属していました。バレーボールやサッカーのように、チームを組むスポーツであれば、私たちの関係もまた変わっていたのかもしれませんが、なにしろ陸上はいつでも、たった一人のスポーツです。自分以外は皆敵という、厳しい世界なのです。そのため私たちの間には、ごく自然にライバル意識のようなものが芽生えていたような気がいたします。

しかし、一人の人間を自分のライバルと目《もく》するには、その相手に対する絶大な信頼が必要であることも、真実ではないでしょうか。当時、こんなふうに二人の関係を、むずかしく分析していたわけではもちろんないのですが、今考えますと、確かにそんな気がいたします。

私たちは、家が近かった関係もあって、ひとたび下校すれば、よい遊び仲間でしたし、試験勉強なども、よく一緒にやりました。

試験といえば、直輝君は、ヤマあての名人で、私は彼のヤマにずいぶん助けられました。実際彼は、非常にカンが鋭くて、○×式や、選択式の問題などはほとんどパーフェクトだったように記憶しています。

この才能は、人生のうえにおいても、相当役に立っているのではないでしょうか。なにしろ彼は進学も就職もきわめて順調。今日《きょう》はまた奈津子さんという素敵な女性との結婚式でもあります。まさに順風満帆《じゅんぷうまんぱん》といえそうです。

しかし私は、なにも彼が、自分のヤマカンに頼って、世の中を渡っているとは、まったく思っておりません。いくらカンが優れていても、あてずっぽうであれば、間違うこともあるでしょう。彼の場合はそうではないのです。試験ができたのは、やはり頭がよかったからですし、進学や就職がうまく運んだのも、彼の目が確かであり、彼がそれだけ優れた人間であったからだろうと思うのです。

ポイント

中学の頃のエピソードだけに終始せず、スピーチの中に自分の感想をうまく盛り込むようにしましょう。

結び

そして、直輝君のカンは的確な判断力につながっているのです。人生なにごとも優れた判断力がなければ渡っていけないと思います。判断力に欠けている私は彼に見習いたいと思っています。

いささか、ほめすぎたような気もしますが、これはすべてほんとうの気持ちです。

そして、私の考えどおりであれば、直輝君と奈津子さんの結婚も、間違いなく幸せな将来につながっているものだと思うのです。

直輝君、奈津子さん、いつまでもお幸せに。

友人

新婦の小学校の友人
対照的な二人に安堵

つかみ

新婦の小学校時代の友人、村田文香と申します。

五味さん、玲奈さん、ご結婚おめでとうございます。ご両家の皆様も、このうえなくお喜びのことと存じます。心からお祝い申しあげます。

展開

玲奈さん、とてもご立派で、素敵なご主人様ですね。一緒に小学校に通っていた頃は、とっても引っ込み思案で、恥ずかしがり屋のおとなしい女の子だった玲奈さんが、こんなに早くゴールインするなんて、私には少し意外でした。

でも、玲奈さんは、ふだんは無口でありながら、情熱を内に秘めると申しますか、心の中にはいつも、とても熱い想いを抱いていたように思います。

たとえば、夏休み中の読書感想文や、いろいろな作文が得意で、いつもすばらしい文章を書いて、先生にほめられていましたね。賞をおとりになったのも、一度や二度ではなかったと記憶しています。

また、玲奈さんは非常に筆まめな方で、私もときおり気持ちのこもったお手紙をいただきました。そんなとき、私の差しあげるご返事は、いつも玲奈さんの半

ポイント

幼い頃の思い出話というものは、よほど印象的なエピソードでもないかぎり、なかなかむずかしいものです。焦点をひとつにしぼって話しましょう。

分くらい。長い文章が書けない私には、玲奈さんの文才がうらやましいばかりでした。

玲奈さんは、とても芯《しん》の強い女性ですから、きっと五味さんをよく支えて、しっかり家庭を守っていかれると思います。

でも、他人同士が結びつく結婚生活では、なにより大切なことは、二人の会話だと思うのです。玲奈さんは、思ったことをすぐにはことばにせず、一度胸の中でよくときほぐしてから、初めて口にするほうですので、ときには気持ちがよく相手に伝わらず、損をしてしまうこともあるようなのです。

新郎の五味さんには、ぜひ、そのあたりを深くご理解いただいて、玲奈さんを幸せにしてあげてほしいと思います。

でも、そんな心配も杞憂《きゆう》であるかもしれません。先ほどの五味さんのお友だちの皆様のお話をうかがっておりますと、五味さんは、めっぽう明るいご性格だとか。お互いに違う面をもったご夫婦は、いろいろと刺激を受け、影響しあうことも多いと存じます。それだけにいつまでも新鮮で、楽しい日々を送ることもできるのでございましょう。

それに、いつもは心に秘めることの多い玲奈さんの想いが、しっかり五味さんに伝わったからこそ、今日《きょう》のよき日を迎えることができたのですものね。

結び

たいへんまとまりのないごあいさつを申しあげましたが、お二人が、幸せに満ちた、あたたかいご家庭を築かれることをお祈りして、結ばせていただきます。

本日はまことにおめでとうございました。

新郎の同郷の友人

花嫁を連れて帰郷した新郎

つかみ

田島君、麻美さん、ご結婚おめでとうございます。

ご両家のご両親、ご親族の皆様、心からお祝いを申しあげます。

私は、田島直人と申しまして、新郎の田島君とは、同じこの地の出身でありますが、小学校も中学校も高校も別。大学は二人とも東京でしたが、やはり別の学校でした。私たちが出会ったのは同郷出身者が集まる県人会です。

展開

同じ県の中でも、私たちの出身地はとりわけ近く、年齢も同じ、しかも家が同じように商売をしており、そのうえ一浪して大学に入ったという経歴まで同じだったことから、すっかり話が合って、違う大学ながら四年間、ずいぶん親しく過ごさせていただきました。

当時、私たちが一番よく話し合ったことは、卒業後の進路のことです。私は卒業したらすぐに実家へ戻って家業を継ぐつもりでおり、事実、そのとおりになったのですが、田島君は東京で働きたいという希望が強かったため、いろいろと悩んでいたようで、私もよく相談を受けました。

結局卒業後、三年間東京の会社に勤められ、この三月、家業を継ぐべくこの地に戻ってこられたわけですが、また学生時代のように田島君とつき合えるかと思うと、私としてもうれしいかぎりです。

それにしても、こんな素敵な女性と一緒に帰郷なさるとは、まったく憎いですね。三年間、会社勤めした甲斐《かい》があったね、などといっては皮肉に聞こえてしまうかもしれませんが。

世間ではUターン就職などといわれておりまして、都会から郷里に戻る若者も増えているという話を聞きますが、そうは申しましても、やはり、一度都会の水になじんだものは、なかなか戻ってきにくいのが現状ではないでしょうか。まして、都会でお嫁さんを見つけてしまったら、容易には戻れないのがいわば昨今の常識。そうした意味では、田島君は、麻美さんという願ってもない、最高の伴侶《はんりょ》と巡り会えた幸運に心から感謝すべきところでしょう。

東京に生まれ、東京で育った麻美さんが、田島君と手をたずさえてこの地にこられたのは、お二人の愛の深さからだと思います。

ポイント

同郷の友人として地域を意識した話題を選びます。一般論を語るときは、必ず自分の感想を盛り込むことを忘れずに。

結び

今後、お二人は手を取り合ってますます家業を盛りたて、あとに続く若者たちの規範《きはん》となるべく、すばらしい家庭を築かれますようにお願いいたします。

これから、家族ぐるみのおつき合いができることを、心から楽しみにしています。

最後に、お二人の幸せと健康をお祈りし、お祝いのことばとさせていただきます。

新郎のゴルフ仲間

新郎のゴルフは慎重で確実

つかみ

ただ今ご紹介いただきました渡辺でございます。

細川君、綾子さん、おめでとうございます。

おうわさどおりの美しいお嫁さんですね。たいへんお似合いですよ。おめでとうございます。

私は細川君と、以前同じ会社に勤めておりまして、その当時、二人一緒にゴルフをはじめました。私が退職いたしましてからも、なぜかゴルフのおつき合いだけは、ずっと続けさせていただいております。

展開

あれから七年、いやそろそろ八年になるでしょうか。細川君は、どんどんゴルフの腕をあげているというのに、私のほうは、一向に上達しない。その理由は私自身、ちゃんとわかってはいるのです。

スポーツや習いごと一般、なんでもそうなのでしょうが、とくにゴルフは、プレイにその人の性格がはっきりとあらわれるといわれています。私と細川君の腕の差も、まさにその性格の違いから生まれたものであると、私は思っております。

ポイント

趣味を通じて新郎の人柄を語るスピーチの例です。同じテーマを新婦との関係にも引っかけうまくまとめています。

私はせっかちで、とにかく遠くに飛ばすことばかり考えてしまう。だからいつまで経っても上達しない。しかし、細川君はいつも、私とは正反対の、非常に確実なゴルフをするのです。

細川君はとても明るくて、人あたりがいいために、一見積極的で、イチかバチか、とにかく行動が先に出るタイプと見られがちなようです。しかし、彼のほんとうの性格は、ゴルフを見ればわかるとおり、熟考したのち、ようやく行動に出るというように、実に慎重、堅実《けんじつ》といったところではないでしょうか。

それは、本日のこのおめでたい婚儀を見ても明らかであろうと思います。細川君が、この人こそ、と綾子さんのことを思い定め、あせらずに待ち続けたがために、こうして今日《きょう》のこの日を迎えることができたわけなのですからね。

綾子さんも、ゴルフをなさるとうかがっております。ご夫婦そろってプレイなさるのも、すばらしいと思いますが、私の存在もお忘れなきようにお願いいたします。

結び

私は常々、人はゴルフに似ているのではないかと思っております。ワンプレイずつコツコツ打っていかなければ、ホールインはありません。いや、万に一つ、ホールインワンはありますが、滅多《めった》なことではありません。お二人ともゴルフをやられているので、それはよくわかっておられると思います。どうか、お二人で力を合わされ、すばらしい家庭にホールインしてください。

お二人のご多幸を、心からお祈り申しあげます。

新婦の登山仲間

自然が似合うすがすがしい女性

つかみ

結衣さん、ご結婚おめでとうございます。そして新郎の市原さん、ご両家の皆様、本日はまことにおめでとうございました。

私は新婦の結衣さんと、趣味の登山仲間としてご一緒させていただいております大林と申します。本日はこのような晴れがましいお席に私のような者までお招きいただいたうえ、ごあいさつの機会までお与えくださいまして、まことにありがとうございます。

展開

私たちのサークルは、登山とは申しましても、谷川岳ですとか日本アルプスに挑むわけではございませんで、健康のために、せいぜい東京近郊の山を、登ると申しますよりは、歩くといったほうが適切かと存じます。ですから、私のような五十代、六十代のおばさんでも参加できるというわけなのです。

最近では自然に親しまれる若い方も増えてきましたが、結衣さんがサークルに入会された頃は、まだまだ登山を趣味とする女性は少なく、もっぱら街に出て、ショッピングやおしゃれな遊びにばかり夢中になっている方が多いようでした。

山に登って、自然に触れることよりも、都会で遊んだほうがはるかに刺激も強いのでございましょうから、若い女性たちが、美しく着飾って出かけたがるのは無理もないこととも申せましょう。

ですが、そうした風潮の中にあって、私どものような年配者と一緒に山を歩く結衣さんには、なんともすがすがしいものを感じます。派手なお化粧などもなさらず、歩きやすい服装で、汗をかきながら歩いていく結衣さんの姿は、六本木あたりのどんな女性よりも美しく、また魅力的に、私には思われるのです。

こんなに心の優しい方は、近頃ではほんとうに珍しいのではないでしょうか。結衣さんのご主人になられる市原さんはお幸せな方でございますね。そして市原さんも、結衣さんが選ばれた方だけのことはあって、大層なご立派な方とお見受けいたしました。

私は、今年で結婚生活二十五年になります。私ども夫婦がこんなに長く続くことができたのは、お互いに、思い合う〝優しさ〟があったからだと思います。結婚生活でいちばん大切なのは、〝優しさ〟だと思います。

ポイント

新婦との関係は、はじめにきちんと説明しましょう。友人といっても年の離れた女性ですから、落ち着いたスピーチを心がけます。

結び

その点、結衣さんは、先ほど申しあげましたとおり、優しさの固まりのような方ですので、安心です。その結衣さんが選ばれた方ですから、市原さんもきっと優しい思いやりのある方だと思います。

結衣さん、自然の中にいるあなたが一番美しいと思っていましたけれど、今日《きょう》はまた一段とすばらしくて、輝くようですよ。おめでとうございました。

友人

知っておきたい用語集

P279 常套手段（じょうとうしゅだん）……同じような場合に、いつも決まってとられる手段のこと。決まったいつものやり方。
運根鈍（うんどんこん）……成功するためには、幸運と根気、鈍いくらいの粘り強さの、三つの要素が必要であるということ。
P282 面目躍如（めんもくやくじょ）……世間の評価にふさわしい活躍をして、いきいきとしていること。また、その人本来の姿がいきいきとあらわれている様子。
不屈（ふくつ）……どんな困難や苦労にぶつかっても、強い意思を貫きとおすこと。
P285 吐露（とろ）……心の中に思っていることを、隠さずに率直に述べること。
糟糠の妻は堂より下さず（そうこうのつまはどうよりくだざず）……貧乏のときから辛苦をともにしてきた妻は、成功を収めて富貴を得たとしても大切にするべきであるということ。
立身出世（りっしんしゅっせ）……社会的に高い地位について世間に認められること。
P288 少壮（しょうそう）……若くて意気盛んなこと。若くて元気がよく、将来が期待されること。
P290 無二（むに）……並ぶものがないこと。同じものがほかにひとつもないこと。
旧態依然（きゅうだいいぜん）……昔のままで、変化や進歩のない様子。
P291 地団駄（じだんだ）……「地団駄をふむ」の形で用いられ、くやしがったり怒ったりして激しく地面をふむ様子。
P293 目する（もくする）……認める。評価する。注目する。
P294 順風満帆（じゅんぷうまんぱん）……追い風を帆いっぱいに受けて、船が軽快に進む意味から、物事がすべて順調に進行することのたとえ。
P301 規範（きはん）……行動や判断の基準となるべき手本。模範。

CHAPTER 6

両親・親族のスピーチ

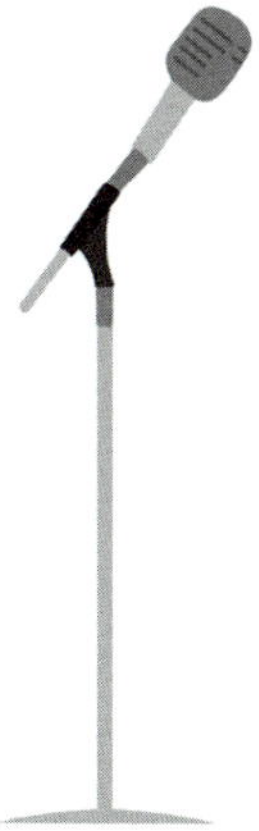

両親・親族のスピーチとは

結婚披露宴もいよいよ終わりに近づくと、主催者側として謝辞の形で両家の身内があいさつを行います。通常、新郎の父親が両家代表として述べますが、新郎に父親がいない場合などは新婦の父親が代わり、以下新郎の母親、新婦の母親と代わります。また、双方に親がいない場合などは、親族や親代わりが代表としてあいさつをする場合もあります。

両家代表のあいさつとは別に、両家の父親（または母親や親族）が、それぞれの家、家族を代表してあいさつをする場合もあります。この場合は主催者側のあいさつが２回行われることになります。

両家の代表としてあいさつをする場合は、努めて新郎新婦の双方について語るようにしますが、両家から一人ずつが出る場合はわが子に対する感慨を述べてかまいません。その場合は内容があまり重複しないように、二番目に話す人（一般的には新婦の父親）が、儀礼的要素をやや軽くするなどの配慮も必要です。

両家、親族の代表としてではなく、親族の一員としてスピーチをする場合もあります。伯父（叔父）や伯母（叔母）といった年長者の場合は、ある程度の格調高さが望まれますが、新郎新婦の兄弟や従兄弟《いとこ》などは、堅苦しいあいさつはできるだけ避けましょう。

必要な要素を上手に盛り込みつつ、列席者への感謝と新郎新婦への思いを伝えるスピーチが、主催者側のあいさつとしてもっとも理想的といえます。

新郎の父親①

若すぎる二人ですが

つかみ　お礼

①本日は杉山、田中両家の結婚披露宴にあたり、かくも大勢の皆様のご臨席《りんせき》を賜《たまわ》り、まことにありがとうございました。

本日、新郎雅人と新婦晴香が、無事新しい人生の門出を迎えることができましたのは、ひとえにご媒酌の労をとってくださいました大川様ご夫妻、ならびに皆様方のご厚情《こうじょう》の賜物《たまもの》と、両家を代表いたしまして、厚くお礼申しあげます。

展開　決意・抱負

②先ほど大川様からご紹介いただきましたとおり、雅人は二十五歳、晴香さんは二十一歳の若さでございます。日頃は二十になればもう立派な大人などと、申しておったにもかかわらず、雅人が今からちょうど一年ほど前に、初めて晴香さんを私どものもとに連れてまいりましたおり、息子が結婚を考えているという驚きよりもまず、当時まだ二十歳という晴香さんの年齢にあわてふためきました。

聞けば、二人は知り合ってから半年あまりで結婚を決めたのだそうです。

お礼のことば

①まず主催者側を代表する立場として、披露宴の来賓や媒酌人に対してお礼のことばを述べます。

エピソード

②新郎新婦が結婚に至るまでのエピソードを簡単に紹介します。親としての感慨などもまじえると、より聞く人の心を打つスピーチになるでしょう。

ポイント

両家を代表しての、新郎の父親の祝辞です。形式にとらわれすぎて、あまりくどくならないように心がけましょう。

さては二人とも熱に浮かされて頭に血がのぼっているのではないか、と思いまして、とにかくあわてぬように雅人をそれとなくさとしたりもしました。

しかし、雅人はいっこうに聞く耳をもってくれませんでしたし、また私どもは私どもで、何度か晴香さんにお目にかかって話すうちに、晴香さんがいかに礼儀正しく、落ち着いた女性であるかを認識いたしまして、今度は年齢のわりにぼんやりとした雅人のほうが、晴香さんにご迷惑をおかけするのではないかと、逆に心配になってしまったような次第でございます。

③年齢は雅人のほうが上ですが、晴香さんは姉さん女房のようによく気がつかれますし、考え方もとてもしっかりしてらっしゃいます。これはまことにご両親の、薫陶《くんとう》の賜物《たまもの》でございましょう。

晴香さんのご一家、ならびにご親族の皆様には、これから先、ますますご厚誼《こうぎ》のほど、お願い申しあげます。

先ほどより、皆様から、あたたかいおことばの数々をちょうだいいたし

祝福
③新郎新婦に代わり、将来への抱負や決意の思いを述べます。新婦側への配慮も忘れずに。

ましたが、二人はそのおことばの一つひとつを深く胸に刻み込み、よき家庭を作りあげるよう本日より努力していくことでございましょう。

④しかしなにぶんにも、まだまったくの未熟者同士、これからも皆様のご指導、ご鞭撻《べんたつ》なくして、なにごともかなうものではございません。どうぞ末永く、二人を見守りくださいますよう、心からお願い申しあげます。

感謝のことば 結び

⑤本日はせっかくのお集まりをいただきながら、十分なおもてなしもできず、行き届かぬ点のありましたことをお詫び申しあげて、お礼のことばとさせていただきます。

皆様、まことにありがとうございました。

今後の指導のお願い
④新郎新婦の新生活はこれからがスタートです。列席者に対し、今後の支援や指導をお願いすることばを述べます。

感謝のことば
⑤不行き届きの点を詫び、列席者への感謝の念を述べて、結びのことばとします。

新郎の父親②

職場結婚のメリットを生かして

つかみ

ただ今司会の方からご紹介にあずかりました、新郎真司の父勝之でございます。清水、佐々木両家を代表しまして、ひとことお礼を述べさせていただきます。

皆様、本日は新郎真司、新婦朋子さんの結婚披露宴に際しまして、ご多用中の貴重な一日をおさきくださり、心より感謝申しあげます。

また、二人のために、数々の祝福、励まし、そして過分なおほめのことばを賜り、まことにありがとうございました。

私どもの知り得ない、二人の社内でのエピソードや、真司の勤務ぶりなどもご披露いただき、非常に興味深うございました。

展開

真司、そして朋子さんは、私どもの子ども、そして家族ではございますが、本日皆様のお話を拝聴《はいちょう》させていただくうちに、本日ご媒酌の労をおとりくださった大内社長ご夫妻をはじめ、日頃二人がお世話になっております会社の皆様もまた、真司、朋子のこのうえない家族であると、痛感いたしている次第でございます。

世間知らずの真司が、まがりなりにも一人前の社会人となれましたことも、至らない私どもに代わって教育をしてくださいました皆様のおかげでございますし、ましてや、その同じ家族に支えられた朋子さんと出会えたことは、真司にとってなによりの幸せだったのではないかと思っております。

朋子さんがたいへんしっかりした、心の優しい方であることはもちろんのこと、朋子さんが真司と職場を同じくされ、真司の仕事をよく理解してくださっているということをありがたく存じます。このことはこれから築いていく二人の家庭生活にとって、どんなにか大きなプラスになっていくことでしょう。

きっと朋子さんは、的確に真司を支えてくださることでしょうし、また真司のほうでは、ごまかしたいようなできごとが生じても、いっさい秘密は通用しないということになります。

いや、まことに結構。さらには、仕事をやめて家庭に入る朋子さんを、真司の側でも十分に理解することも、また大切です。

幸い真司は学生時代、一人暮らしの経験もありますので、ひととおりの家事はこなせるはずでございます。朋子さん、どうぞ役立ててやってください。

朋子さんのご一家、ならびに親族の皆様には、これより先、なにとぞご好誼《こうぎ》のほど、お願い申しあげます。

結び

最後にご列席の皆様に、どうか今後一層、若い二人にお力添えを賜りますようお願い申しあげ、私のあいさつを終わらせていただきます。

ありがとうございました。

ポイント

職場結婚の場合、出席者も職場関係者が多くなります。媒酌人を社長が務めることも多いため、そこを意識して話を進めましょう。

見合い後に恋愛で結ばれた二人

つかみ

新郎啓介の父親、小林広太郎でございます。

本日、ご来賓の皆様には公私ともにご多忙のところをおくり合わせくださいまして、啓介、恵里さんの結婚披露宴にご臨席《りんせき》いただきましたこと、まことに身に余る光栄と存じます。心より御礼《おんれい》申しあげます。

展開

新郎啓介、新婦恵里さんは、本日川又様ご夫妻のご媒酌を賜り、二人で新しい人生を歩みはじめることになりました。川又様ご夫妻の、ひとかたならぬご尽力《じんりょく》に、両家を代表し、厚く御礼申しあげます。

また、先ほど皆様よりいただきました、あたたかい励ましのおことば、お祝いのおことばの数々、新郎新婦は感慨深げに聞き入っておりました。きっと皆様のおことばを心の支えとし、幸せな家庭を作るべく、二人で力を合わせていくことでしょう。

啓介は子どもの頃から、大層のんびりしたところがございまして、大学を卒業し、現在の会社へ就職いたしましてから、今年で早くも八年目でございます。仕事が

ポイント

見合い結婚の場合、恋愛結婚より多少形式的なあいさつが望まれますが、堅くなりすぎないように。また、媒酌人へのお礼を忘れてはいけません。

面白いのは結構なことではございますが、なかなか結婚の二文字を口にしてくれません。私どもとしては、内心ハラハラさせられどおしでございました。そこへ、ご媒酌人の川又様ご夫妻から恵里さんのお話をいただき、喜んでご配慮をお願いしたわけでございます。

啓介は最初、例によりましてまことにのんびりした口調で、どちらでもよい、などと申しておったのですが、一目、恵里さんにお目にかかりましてからは、なにか人が変わったように私どもをせかし、それからわずか半年で今日《きょう》のよき日を迎えることになったのでございます。どうやら世にいう一目ぼれだった、と申せましょうか。

出会ってからのちは、恋愛によって結ばれた二人でございます。しかし、そのよきご縁を結んでくださったのは、ご媒酌人様にほかならないのです。新郎新婦は、この仮親ともいうべき川又様ご夫妻に、重ねて感謝申しあげることを忘れてはなりません。そのご恩返しは、なによりも本日ご臨席の皆様にご安心いただけるような、健全な家庭を作ることにあります。二人とも、今日《きょう》の感激をけっして忘れず、

結び

さらに理想の実現に励んでください。

このように多くの皆様からご祝福をいただき、晴れがましい姿の二人を目のあたりにいたしますと、改めて皆様への感謝の思いで胸が熱くなってまいります。

どうぞ、皆様、この先、二人が逡巡《しゅんじゅん》するかに見えますときは、どうか厳しいご叱咤《しった》のことばを、また二人が間違った判断に立つかに見えますときはご教諭のことばをかけてやっていただきたいと存じます。

勝手ないいぐさばかりではございますが、今後ともこの両人にお力添えくださいますようお願い申しあげます。

本日はまことにありがとうございました。

新郎の父親④

あたたかい友情に支えられて

つかみ

皆様、本日はまことにありがとうございました。

信也の父、浩一でございます。石尾、小山両家を代表いたしまして、ひとことお礼を申しあげます。

展開

本日の披露宴は、新郎新婦の強い希望によりまして、形式張った披露宴はやめ、気の合ったお仲間を中心に、二人の結婚を祝っていただく、祝賀会形式とさせていただきました。

私などは、頭の古い人間でございますので、会費をもち寄って披露宴を開くと信也に聞きまして、どうなることかとずいぶん心配いたしておりました。

しかし、このように楽しく、にぎやかに、祝福されている二人の幸せそうな笑顔を見るにつけ、このパーティーを若い方たちにおまかせしてほんとうによかったと、心から喜んでおります。

信也、そして美知子さん、今日《きょう》はご苦労様。式もとどこおりなくすみ、いよいよ新しい生活がはじまるわけです。

両親

結び

ご出席くださった皆様、思い思いのあたたかいご祝辞、またすばらしい贈り物の品々までいただき、ありがとうございました。新郎新婦にとって、今日《きょう》のこの日は、生涯忘れ得ぬ最高の思い出となるでしょう。

信也は、私どもの末っ子で、上は女ばかり三人ございます。母親や姉たちはいうにおよばず、私といたしましても、年を重ねてから生まれた長男だけにずいぶん甘やかして育ててしまったのではと、常々案じておりました。

しかし、本日皆様の優しさ、あたたかさを身近に感じさせていただき、この方たちのお仲間の一人として認めていただいておるならば、わが息子もまんざら捨てたものでもないなどと、思った次第でございます。

どうぞ皆様、これからもあたたかいご友情をもって、二人を見守ってやってください。また、ご好意に甘えるようなところがございましたら、そのときはきびしく叱咤していただきたいと存じます。

さて、堅苦しいあいさつはこのへんにいたしましょう。本日はこのような楽し

ポイント

会費制披露宴の出席者は若い人が中心になるので、できるだけ肩のこらないあいさつにしたいものです。尽力してくれた友人への感謝も忘れずに。

いパーティーを開いてくださったうえ、私ども身内のものまで大勢お招きくださいまして、ありがとうございました。

このようにすばらしいお友だちとともにありますならば、若い二人の将来も、きっと輝きに満ちたものになると、確信いたしております。

今日《きょう》はとにかくうれしい一日となりました。

皆様ありがとうございました。

新郎の父親⑤

再婚者同士の新しい門出

つかみ

新郎晃の父、田中輝雄でございます。

本日は休日でありますので、いろいろとお心積もりもあったことと存じますが、かくも多数のお運びをいただき、まことにありがとうございました。

おかげをもちまして、このようにおだやかな披露宴をもつことができましたこと、心より感謝いたしております。

展開

新郎晃、新婦里佳さんは、本日めでたく夫婦となり、先ほど皆様よりいただきました、あたたかい激励、そしてお諭《さと》しのおことばを肝《きも》に銘じ、新しい生活の第一歩を踏み出すことになりました。

この幸福に満ちた晃たちの家族を見るにつけ、私ども親族一同、安堵《あんど》の気持ちでいっぱいでございます。

皆様ご承知のとおり、新郎新婦はともに、過去において同じ悲しみを味わってきた者たちでございます。しかし、私はそれゆえに、このたびのご縁は、まことによきご縁であったと、そのように考えております。お互いの気持ちをよく理解

❗ポイント

再婚であることにこだわらず、親としての素直な喜びや安堵を述べましょう。率直な気持ちが聞き手の胸を打つものです。

し合い、ともに手をたずさえて悲しみを乗り越えていくことができましょう。そして今日《きょう》からはじまる新しい人生へも、二人同じ希望をもって臨んでいってくれることでしょう。

ここ数年、晃にはどうにも暗く、わびしい影がつきまとっているように見えてならなかったのですが、里佳さんと出会いましてからは、すっかり以前の明るさを取り戻したようでございます。里佳さんの明るさが、晃を支えてくれるのです。同じ境遇にありながら、里佳さんは笑顔をたやさず私たちに接してくれます。これこそが大人の優しさ、強さであり、明らかに晃の上をいっていらっしゃると思います。この明るさ、そしてこのすばらしい笑顔を、これから里佳さんとともに暮らすことによって、晃や子どもたちにも見習ってほしいと思っております。

なお、私ども晃の両親にとりましては、優奈ちゃんという、可愛い孫が一人増えたことも、たいへん大きな喜びでございます。

二人が今日《きょう》からこの家族のために、力を合わせ、幸せな家庭を築いていってほしいと、心から願っております。

皆様もどうぞ、これまでにも増したご指導、ご鞭撻をくださいますよう、お願い申しあげます。

結び

最後になりましたが、本日ここにお集まりいただいた皆様に、深く感謝申しあげて、私のあいさつとさせていただきます。

ご列席の皆様、本日はまことにありがとうございました。

新郎は男三人のリーダー

つかみ

本日は、亮太、陽子両人の結婚披露宴に、ご多用中にもかかわらず、わざわざご足労いただきまして、まことにありがたく、両家を代表いたしまして厚く御礼《おんれい》申しあげます。

このように大勢の皆様にあたたかくご祝福いただき、本日二人が輝かしい人生の門出を迎えられましたのも、ひとえに皆様のお力添えによるものと、まことに感謝にたえません。

展開

また、ただ今は二人のために、あたたかいご祝辞や励ましのおことばをたくさんちょうだいし、ありがとうございました。皆様のおことばの一つひとつを深く胸に刻み、両人は新しい生活に取り組んでいくことでしょう。

家内を病で亡くしましてから十年余り、私どもの一家は、私と亮太と弟の隆、三人の男所帯で暮らしてまいりました。ときには亮太の祖母であります私の母が、様子を見にきてはくれましたが、おおむねは男三人で、のんびりと、友だち同士のように、また、ときにはむさくるしくやってきたわけです。

この家族の中で、亮太は常にリーダーでありました。私が仕事で出ていることが多かったためではあるのですが、たとえば食事をはじめ、掃除洗濯などの家事からレジャーまで、すべて亮太が私と弟に割り振って進行させるといった具合です。

家事一般には、かなり精通いたしておりますので、その点、協力的な夫となることは、間違いないことでしょう。

母親がいないということは、いろいろな形で亮太に影響を及ぼしていることでありましょう。亮太が一人の人間として、立派に育ったものかどうか、恥ずかしながら不安も感じております。しかし、積極性と責任感の強さだけは、親として自信をもって申しあげることができます。

はたして陽子さんとのおつき合いの際も、その積極性を用いたものかどうかは私の知るところではございませんが、陽子さんのような美しい方と一緒になる亮太がうらやましい、と申しますか、いや、まことにうれしく存じております。

❗ポイント

わが子を語るときは控え目にするのが礼儀ですが、けなすばかりでなく、ほめことばをうまく入れると効果的です。

結び

最後になりましたが、二人がこのよき日を迎えるまでに、ご媒酌人の山本様ご夫婦にはひとかたならぬお世話をおかけいたしました。とりわけ奥様には、なにかにつけてご尽力《じんりょく》賜りましたこと、この場をお借りしまして、心から御礼《おんれい》申しあげます。

きっと二人はしっかりと、明るく、幸せな家庭を築いていってくれることと思います。

しかし、困難にぶつかってたじろぐことも、選択を迫られて迷ったり、ときには間違うこともあるでしょう。どうぞ、皆様、そのようなおりは、ぜひ二人にお力添えくださいますようお願いいたします。

皆様のご健康と、ますますのご繁栄を願いまして、私のごあいさつとさせていただきます。

本日はまことにありがとうございました。

身近に起こった国際化

つかみ

新郎純の父、染谷保でございます。

本日は、次男純、新婦メアリーさんのために、公私にご多用中のところ、わざわざお運びくださいまして、まことにありがとうございました。

展開

初めて純がメアリーさんをわが家につれてまいりましたとき、それだけでも私どもはたいへん驚きまして、しばらくいたしましてから、今度はメアリーさんと結婚する、と純に打ち明けられましたときなどは、正直申しまして度肝《どぎも》を抜かれ、ことばも出ないほどでございました。

日頃から、日本人ももっと国際化し、英語も日常会話くらいはスラスラとできないようでは恥ずかしい、などと申しておりましたものが、このように身近なところで起こった国際化にあわてふためいているようでは、なんとも情けないばかりでございます。

幸いメアリーさんは、日本語が堪能《たんのう》で、しかも日本の文化に対し、ひじょうに深い造詣《ぞうけい》をもっていらっしゃいます。とくに、日本の古典芸能、能や歌舞伎《かぶき》、

ポイント

外国人女性との国際結婚の場合は、新婦の日本的な面をほめることが多いようです。紹介されたときの驚きを語るのもパターンですが、画一的にならないように。

文楽《ぶんらく》などについての知識の豊富さにいたっては、純などとうていおよびもつかないほどの知識で、私どもはお話をしてすっかり感心してしまいました。

近頃では、私とメアリーさんは純抜きの二人で歌舞伎を観に行ったりしております。なぜかと申しますと、歌舞伎にあまり興味のない純と一緒に行くよりも、すごく興味のあるメアリーさんとご一緒したほうが楽しいからです。メアリーさんは、そのうえ、よく気がつき、また、一人で日本に来て学び、働こうという芯《しん》の強さを兼ね備えているのですから、純はほんとうにすばらしい女性を選んでくれました。

そうは申しましても、やはり文化もことばも違う国に生まれ育った二人が、うまくやっていかれるものかどうか、不安はつきまとっておりました。しかし、本日、皆様のご厚情《こうじょう》とご友情に包まれて、幸福に満ちた二人の笑顔を見ておりますうちに、皆様のようなあたたかい方がいてくだされば、きっと二人はこれからも困難を乗り越えて、幸せな家庭を築いていけるだろうと、安堵《あんど》いたしました。

どうぞこれからも、変わらぬおつき合い、ご指導賜りますよう、よろしくお願い申しあげます。

結び

最後になりましたが、本日ご出席賜りました皆様のおかげで二人はすばらしい門出の日を迎えることができました。

皆様からいただいたあたたかいご祝辞には、まことに感謝のことばもございません。深く御礼《おんれい》申しあげます。

皆様、本日はありがとうございました。

新郎の母親①

会社の後継者となる新郎へ

つかみ

ただ今、ご紹介にあずかりました、新郎修の母、橋本敏江でございます。ご列席の皆様に、つつしんでごあいさつを申しあげます。

本日はお忙しいところを、遠路はるばるお運びくださいまして、まことにありがとうございました。

展開

また先ほどは、皆様から身にあまるご祝辞やおことばの数々をちょうだいし、新郎修、新婦綾子さんにとりましても、また私ども親族にとりましても、このうえない喜びでございます。

ご媒酌の任を、快くお引き受けくださいました玉川様ご夫妻、本日はまことにありがとうございました。また、司会をなさってくださった野田様、どうもご苦労様でした。皆様のあたたかいご支援とご助力をもちまして、本日の披露宴もとどこおりなく進行いたしております。厚く御礼《おんれい》を申しあげます。

慣れませんものゆえ、万事に不行き届きがあったかとも思います。失礼の段も多々あったと存じますが、それらの点につきましては、なにとぞご寛恕《かんじょ》くださいますよう、伏してお願い申しあげます。

修の父は、七年前に病没いたしました。そのあとを引き継ぎまして、私が会社の代表として、仕事をさせていただいております。力及ばずながら、どうにか私がここまで続けてくることができましたのも、ひとえに皆様方のご支援の賜物と、深く感謝をいたしておる次第でございます。そしてまた、息子の修が私の仕事を手伝って、少しずつ次期社長としての任を受け継いできてくれましたからこそ、こうしてなにひとつ支障なく、今日《きょう》のよき日を迎えることができたのでございましょう。

亡くなりました修の父は、妻の私が申しあげますのはおこがましいのですが、まさに努力の人でした。「人生これ努力」というのがモットーの人でした。修も父もそのモットーを受け継ぎ、努力をしつつあります。

結び

修に、こんなに美しく、聡明な綾子さんという伴侶を迎えられましたことは、本人、そして親族にとりましても、また社員一同にとっても、まことにうれしい

ポイント

社長という立場から、形式をふまえ、多少重々しく話します。不手際を詫びることばはしつこくないほうがいいでしょう。

ことでございます。

本日、ご臨席《りんせき》賜りました皆様のあたたかい励まし、ご鞭撻《べんたつ》を肝《きも》に銘じまして、二人はよき家庭を築いてくれることでございましょう。しかしながら、まだまだ若輩者同士でございます。勝手ながら、今までにも増してご指導のほど、よろしくお願い申しあげます。

あわせまして、ご出席いただきました皆様のご健康と、ご多幸をお祈り申しあげ、私のあいさつとさせていただきます。

本日はまことにありがとうございました。

同じ境遇同士の良縁

つかみ

ただ今ご紹介にあずかりました、一哉の母、金田和代でございます。

司会の玉置様からの紹介にもございましたとおり、たまたま私のところも、また嫁方も主人に先立たれておりますことから、ふつつかながら、私が金田、平木両家を代表し、ごあいさつをさせていただきます。

展開

本日は、お忙しい中、このように大勢の皆様にお集まりいただき、新郎一哉と、新婦かおりさんの門出をご祝福くださいまして、まことにありがとうございます。

こうして二人が、無事式をあげ、晴れがましくも夫婦としての第一歩を踏み出すことができましたのは、すべて、ご出席の皆様のご厚情《こうじょう》によるものでございます。重ねて、厚く御礼を申しあげます。

一哉より、かおりさんのお話を聞きましたのは、今から一年ほど前でございました。そのおり、かおりさんのご家庭も、私どもと同じ境遇とうかがい、これもなにかの縁だな、と思ったものでございました。きっとお互いを思いやり、理解し合ってあたたかい家庭を築いていくことができるのではと、直感したわけでご

ポイント

両家代表のあいさつは通常新郎の父親が行います。新郎に父親がいない場合は新婦の父親が、以下新郎の母親、新婦の母親と代わります。

ざいます。

事実、かおりさんにお会いしてみて、一哉にはもったいないようなすばらしい方で、私までが、ひと目でほれ込んでしまったほどでございました。

一哉も、そしてかおりさんも、母一人で育ちましたものの、その不幸にゆがめられることなく、明るく素直に成長してまいりました。また、どちらの母親も仕事をもっておりました関係で、ずいぶんと寂しい思いもしたことでしょうが、それに耐える強さも身につけてくれたものと思います。子どものほめことばを口にし、失礼とは存じますが、どうぞお許しくださいませ。

一哉は小学五年生のとき、父親を病気で亡くしました。そのおり、一哉は涙ひとつ見せませんでしたが、納骨が終わったとき、「お母さん、ぼく、お父さんのような人になる」というので、「どうして?」と聞くと、「お父さんは思いやりのある人だったから」といってくれました。私はそのときほどうれしかったことはありません。

しかし、それ以来、母親ばかりを見て育ちましたからには、世の中に知らないことも多いことでございましょう。今日《きょう》より自分の家庭をもったのですから、二人で手をたずさえて、自分たち自身で人生を知るよう、努力していってほしいと願っております。

結び

この先、二人が迷ったり、誤ったりするようなことがございましたときは、どうぞお諭《さと》しのことばをおかけくださいませ。必要ならば、ご叱責《しっせき》もいただきとうございます。

世間にうとい私ども親に代わって、ご指導くださいますようお願い申しあげます。

本日はほんとうにありがとうございました。

心より、皆様に感謝申しあげます。

一人前の社会人となるように

つかみ

新婦佐和子の父、野間明でございます。

新郎の父が、昨年亡くなりましたために、僭越《せんえつ》ながら私が井原、野間両家を代表いたしまして、ひとことごあいさつ申しあげたく存じます。

本日はご多用中にもかかわらず、貴重なお時間をさいてご臨席《りんせき》を賜り、まことにありがとうございました。

おかげ様をもちまして、新郎新婦はとどこおりなく式を挙げ、夫婦としての第一歩を踏み出すことができました。これもひとえに、皆様のご厚情《こうじょう》とお力添えによるものと、深く感謝いたしております。

展開

また、先ほどは、新郎新婦への数々のご祝辞、激励、おほめのことばを賜り、まことにうれしく拝聴させていただきました。新郎新婦とともに、厚く御礼申しあげます。

新郎勇樹君は、先ほど○○株式会社の野田様のごあいさつにもありましたとおり、M大学を優秀な成績で卒業し、ただ今は○○株式会社に勤務、第一営業部にて活躍中でございます。娘佐和子には過ぎたる伴侶《はんりょ》と存じております。とは申しましても、まだまだ若輩のそしりはまぬがれません。今後とも皆様の変わらぬご指導を賜り、一人前の社会人として成長させてくださいますようにお願い申しあげる次第でございます。

新婦佐和子は、まだ成人式を迎えたばかりで、正直申しまして社会人としてはまだ半人前、ましてや勇樹君の妻として、立派にやっていけるものかどうか、いささか心配いたしております。

けれども両名は、互いによく協力し合い、新しい人生に取り組んで行く覚悟を固めているようでございます。なにとぞ厳しいご鞭撻《べんたつ》をもって、この若い二人を支えてやっていただきたく、重ねてお願い申しあげます。

花嫁の父というものは、世間で申しますように、なるほど、だらしのないものでございまして、このようなふつつかな娘でも、いざ嫁にやるとなると、なにやら複雑な思いもこみあげてまいります。

しかし、今日《きょう》からは勇樹君の妻。勇樹君をしっかりと支え、力を合わせてよい

ポイント

両家代表のあいさつであることを意識した、かなり形式的なあいさつの例です。その中で、花嫁の父としての感慨をさらりと述べ、共感を誘います。

結び

家庭を築くよう、努力を重ねていってほしいと願っています。
また勇樹君には、どうか、ありのままの佐和子をご理解のうえ、末永くリードしていただきたいと思っております。

本日は、ほんの披露宴のまねごとばかりの粗宴《そえん》であり、行き届かぬ点も多々あったかと存じますが、お許しを願い、これをもちまして、あいさつとさせていただきます。

皆様、まことにありがとうございました。

親子の好みが一致して

つかみ

新婦裕美の父、天野順一でございます。

大勢の皆様にご来駕《らいが》いただき、ほんとうにありがとうございます。

裕美が良縁を得ることができましただけでも、うれしく、感激いたしておりますうえに、このように華やかにお祝いくださいまして、まことに感謝のことばもございません。

展開

裕美は兄弟といえば兄が一人おりますだけで、それも年が離れていたために、小さい頃から甘やかされて、少々わがままに育ったところがございます。

ですから、このたび嫁がせるにつきましては、大きな喜びである反面、不安を感じずにはいられません。

しかし本人は、とにかく幸福な家庭を作りたい。仕事から帰った仁君が、心から休息できるような安らぎの場にしたいとの、希望を語っております。どうぞ、仁君そしてご両親、ご親族の皆様、しつけの至らない娘ではございますが、なにとぞご指導とご叱正《しっせい》のほど、よろしくお願いいたします。

ポイント

新婦の父親のあいさつは、通常新郎の父親のあいさつに続いて行われます。
儀礼的な内容が重複しないように、語り出しを軽くしましょう。

仁君は、まことに明朗な好青年であります。私などは裕美がおつき合いをはじめる前に、学校のクラスメートとしてお目にかかった際、一度でほれ込んでしまったのですが、こればかりは私がほれてもはじまりません。当然ながら、要は仁君と裕美の問題であります。日頃はなかなか趣味の一致をみない私と娘でございますので、余計な心配をし、一人やきもきいたしておりました。

しかし、うれしいことに私ども親子の好みは一致し、二人はすぐに意気投合したようで、彼氏として紹介されてから半年後の今日《きょう》、このよき日を迎えることができた次第でございます。

私ども夫婦にとりまして、子どもの結婚は、長男に続いて今日《きょう》が二度目でございますが、やはり娘の結婚というものは、話に聞いておりましたが、なにやら胸が詰まると申しますか、特別な感慨をおぼえさせるもののようです。

私ども親にとりまして、今日《きょう》のよき日は忘れられない一日になることでしょう。そしてまた、裕美にも今日《きょう》の感激と喜びをいつまでも忘れずにいてほしいと願っております。

結び

さて、二人は本日、新しい門出をするわけですが、長い人生、つねに平穏無事などということはあり得ません。つらいとき、苦しいときもございましょう。それを乗り越えるためには二人の努力しかございません。しかし、まだ人生経験の乏しい二人では、力の足りないこともございましょう。

今後とも、この新郎新婦に、どうか皆様のご支援をお願い申しあげる次第でございます。

本日は、お祝いくださいまして、ありがとうございました。

ぬくもりのある祝福に感謝

つかみ

ただ今、ご紹介にあずかりました、新婦涼子の父でございます。

本日は、浩太君と涼子のために、このように楽しい、さわやかなパーティーを開いていただき、ほんとうにありがとうございました。

若い方たちの、ユニークなスピーチを聞かせていただいておりますうちに、私もすっかり、この和《なご》やかな雰囲気にうちとけ、大いに楽しませていただいております。

展開

こうして若い皆様方の間に身を置かせていただきまして、時代が変わるにつれ、結婚についての考え方も、少しずつ変わってくるものだと、つくづく感じているところです。

私どもの若い頃には、婚姻は家と家とが結びつく、いわば儀式でありました。しかし、今の若い方々にとっては、若い二人の結びつきを、親しい友人、知人たちで祝い合うもののようです。

どちらが正しいとは、一概《いちがい》に決められるものではないと思いますが、こうして皆様に囲まれ、ほんとうに幸せそうな今日《きょう》の二人を見ておりますと、本来、お祝いというものは、形式にとらわれることなく、こうしたぬくもりのある雰囲気で行われるべきなのではないかと、そう思えてまいります。

親から見れば、まだまだ幼いような娘も、皆様の友情を受け、いつの間にやら大人の仲間入りをさせていただいたようでございます。

親として、心から皆様に感謝を申しあげます。

本日から、新生活がはじまりますが、なにか二人に悩みごとでもあるようでしたら、どうぞ相談にのってやってくださるようにお願いいたします。二人にとっては親しいお友だちの皆様のご助言こそが、なによりの力になるはずでございます。

浩太君。涼子は明るさだけが取り柄《とりえ》の、わがままな娘ですが、きっと明るい家庭を作ってくれることと思います。

手前勝手な言い方になってしまいますが、二人で新しい暮らしをはじめようというとき、なによりも大切なことが、明るさであり、ことによると、すべての幸

ポイント

会費制披露宴などのカジュアルなパーティーでは、あまり長いスピーチは避けたいものです。ただし、おざなりにならず、短くても気の利いたものに。

せのはじまりは、そこにこそあるのではないかとさえ、私には思われるのです。

どうか涼子をよろしく頼みます。

結び

くつろいだ雰囲気にそぐわない、堅苦しいあいさつを長々としてしまったようです。もう、このくらいにしておきましょう。

皆様のおかげで、今日《きょう》は二人にとってすばらしい門出になりました。どうか今後とも、よろしくお願い申しあげます。

ほんとうにありがとうございました。

両親

新婦の父親④

親子三人の再スタート

つかみ

新婦美由紀の父、高田智宏でございます。

本日はようこそおいでくださいました。

同じような人生経験を持つ者は、お互いによく理解し合えるものでございます。龍也君と美由紀が、今日《きょう》ここに、皆様から新しい人生の門出をお祝いしていただけますのも、そうした縁が実を結んだからにほかなりません。

展開

新郎龍也君は、ご媒酌の杉山様のご紹介にもありましたとおり、五年前に奥様を亡くされ、三歳の愛里ちゃんを抱えて、なにかとご苦労の多かったことと存じます。

新婦の美由紀も、一度は結婚いたしましたが、縁薄く、一人で暮らす運命になっておりました。その美由紀が、このたび龍也君という、よき伴侶《はんりょ》と巡《めぐ》り合い、ささやかながらもめでたく、華燭《かしょく》の典《てん》を挙げられる運びとなりましたのは、ひとえに皆様の厚きご支援の賜物と、心からうれしく、ありがたく存じている次第でございます。

ポイント

再婚であることは必ずしも断らなくてもよいのですが、事実を素直に話し、その喜びを語ったほうが気持ちが誠実に伝わるでしょう。

このご縁をおとりなしくださいました杉山様ご夫妻、まことにありがとうございました。

ご媒酌の労までわずらわせまして、お礼のことばもございません。美由紀もけっしてご恩を忘れることなく、龍也君の妻として、愛里ちゃんの母として、精いっぱい励んでいくことでございましょう。

また、今日《きょう》、一番喜んでおりますのは、新しいお母さんができた、愛里ちゃんではないかと思います。すでに美由紀とはすっかり仲良くなり、私どもとしてもうれしいかぎりです。美由紀といたしましては、母親になった経験がないことに、いくばくかの不安を抱いていることでございましょうが、いつまでも今日《きょう》こうして新たに家族となった喜びを忘れずに、愛里ちゃんの母親として、しっかり務めをはたすよう、心から念じております。愛里ちゃん、新しいお母さんができてよかったね。それに新しいおじいさんもできたんだよ。新しいおじいさんとも仲良くしようね。

結び

まだ若いうちに一人になり、この先、美由紀の将来はどうなっていくものかと、ずいぶん案じておりましたが、こうして龍也君というすばらしい伴侶を得《え》、新しい門出を迎えられましたことは、親としてなににも増してうれしく、ありがたいものと存じております。

どうか健康に気をつけて、あたたかく、楽しい家庭を築いていってほしいと願っています。

あわせまして、皆様のご支援、ご鞭撻を、勝手ながら今にも増してお願い申しあげる次第でございます。

本日は、お忙しい中ご足労賜り、まことにありがとうございました。皆様のご健勝とご多幸をお祈りいたしまして、あいさつに代えさせていただきます。

ありがとうございました。

理想の婿を迎えて

つかみ

新婦千帆の父、鈴木史哉でございます。

本日は公私にご多用中のところをまげてご出席いただきまして、まことにありがとうございました。

新郎新婦にとりまして、今日《きょう》は生涯忘れることのできない記念の日でありますが、私ども夫婦にとりましても、実によき、思い出の一日となりました。このように華やかに、大勢の皆様からお祝いいただきましたことに、深く感謝を申しあげます。

展開

私どもは本日、裕樹君という千帆にはすぎた婿殿を、吉沢家より迎えることができました。これもひとえに、本日ご出席を賜りました皆様の、日頃からのご厚情《こうじょう》のおかげでございます。重ねて厚く御礼申しあげます。

すでに司会者からもご紹介がありましたとおり、裕樹君は、大学の修士課程を終えられ、現在研究所に勤務する少壮《しょうそう》学者です。学者と申しますと、いかにも気難しげで、世事《せじ》に疎《うと》いと思われがちでありますが、裕樹君は、けっしてそのような人間ではございません。

ほんとうのことを申しますと、初めて裕樹君の経歴を聞いたとき、私どもの家族は冗談だと思い、失礼ながら誰一人信じようとしませんでした。もちろん裕樹君の隣にすましで座っている、新婦、千帆を含めてです。それくらい裕樹君は愉快で気のいい男なのです。

実は昨年、私ども夫婦は千帆とともにヨーロッパへ旅行にまいりました。その旅行の団体の中に裕樹君がおられ、偶然にも二十日間、旅をともにしたのが、われわれの出会いでした。第一に彼と親しくなったのは私です。もっとも娘は自分だと主張しておりますが。

それがご縁で、千帆は、語学の達者な裕樹君にいろいろと教えを請《こ》うようになりました。

実は娘は、大学の英文科を卒業しましてから、家事を手伝いながら勉強を続けております。

童話の翻訳をしたいなどと申しておりましたが、私には裕樹君に会う口実だっ

ポイント

養子縁組の場合、新婦の父親が両家代表としてあいさつします。新郎が養子になることを認めてくれた新郎の家族へ、お礼のことばを忘れずに。

結び

たようにに思えてならないのでございます。

あるとき私は「行ったりきたりしていては、お互いにわずらわしいだろうから、いっそのこと裕樹君にうちへきてもらってはどうか」と千帆に申しました。

私がほんの軽い気持ちでいったそのひとことで、まさか、こんなにも早くことが運ぼうとは思いもよりませんでした。裕樹君のご両親はじめ、親族の皆様の、深いご理解に心から感謝を申しあげます。また、これからもご好誼《こうぎ》のほど、よろしくお願いいいたします。

ご列席の皆様には、今後とも二人をご指導、ご鞭撻くださいますよう、心よりお願い申しあげます。

本日はまことにありがとうございました。

新婦の母親

これまでの苦労が報われた思い

つかみ

新婦優香の母、高木正代でございます。

本日は、お忙しい中をお出かけくださいまして、ほんとうにありがとうございました。

お礼の申しあげようもないほど、感謝で胸がいっぱいでございます。

また、先ほどは、皆様から身に余るお祝いのおことばの数々をちょうだいいたしまして、まことに感激いたしました。優香に代わり、厚く御礼申しあげます。

展開

司会者様のお話にもございましたように、私は十年前に夫を病で亡くしまして、それからというもの、女手ひとつで優香と、その弟洋司を育ててまいりました。幸い、夫の友人のお世話によりまして、○○社の総務部で働かせていただくことができ、今日《きょう》を迎えております。はじめは心細い思いもいたしましたが、皆様のあたたかい励ましに支えられて、次第に気持ちも落ち着いてまいりました。優香がこのよき日を迎えられましたのも、私どもにお力添えくださった、皆様方のご厚意《こうい》のおかげでございます。改めて、心からお礼を申しあげます。

ポイント

苦労話よりも、娘が嫁ぐ喜びを強調します。新郎や新郎の家族に対し「娘をよろしく」と心を込めて頼むのもいいでしょう。

親の口から申しあげるのは失礼かとも存じますが、片親のもとに育ちながら、むしろそれだからこそ、と申せましょうか、優香は、明るく、気持ちの優しい子に育ってくれました。明るいところは、私に似ているのだと思います。私の明るさは亡くなった母の遺産です。母はどんなにつらいことがあっても、いつも明るさを忘れませんでした。「女は家庭の太陽だから、いつも明るく輝いていなければ……」、それが母のモットーでした。優香もそれを受け継いでくれているのだと思います。このよき日を迎えてなお、私と弟を置いて嫁ぐことに、ためらいを感じているようでございます。

ですが、私も今では十年前とは違い、心も体も健康であり、仕事に生きがいをもっております。洋司も来年は成人式を迎え、そろそろ一人前の男と申せましょう。寂しいどころか、今、優香の晴れ姿を目のあたりにし、これまでの苦労も報われたと、ほんとうにうれしゅうございます。

和樹さんも優香を気に入ってくださっているとうかがい、あとは二人でよい家庭を築いてくれるよう、願うばかりでございます。

結び

萩原家の皆様、至らぬ点の多い娘ではございますが、どうぞ優香をよろしくお願いいたします。また、ご来席の皆様、至らぬ優香ですので、これからもご指導、ご鞭撻《べんたつ》のほどをお願い申しあげます。

本日はまことにうれしい、感無量《かんむりょう》の一日でございました。

ここに改めて、皆様のご祝福に深く感謝を申しあげ、私のごあいさつとさせていただきます。皆様、ありがとうございました。

新郎の親代わり

もちまえの責任感でがんばれ

つかみ

新郎直弥の伯父、橋本和明でございます。直弥の父親に代わりまして、皆様にごあいさつを申し述べさせていただきます。

本日はご多用中にもかかわらず、多くの皆様にご臨席《りんせき》の栄を賜り、まことにありがとうございました。

また、ご出席者各位よりていねいなご祝辞や、楽しい催しまでちょうだいいたしまして、新夫婦はもとより、親族一同、まことにうれしく、心より感謝申しあげます。

展開

すでに幼い頃より、お世話になっておりました、○○商事の新庄様のごあいさつでも触れられておりましたが、直弥と弟の雅史は、早くに両親を亡くしまして、父親の兄にあたります私の家にて育ちました。

二人ともまだ幼かっただけに、性格に影を落とすようなことはないかと案じておりましたが、幸い私どもにも子どもが二人おりましたので、それはもうたいへんなにぎやかさで、四人が兄弟同様に仲良く明るく育ってくれました。ときにはケンカをしたときもございましたが、それだけに分け隔《へだ》てなく家族として、過ごしてくることができたのでございましょう。

ことに直弥は、一番年上の兄として、四人兄弟をよくまとめてくれました。兄弟ゲンカの際などは、四人分の責任を一人で引き受けて、私に叱られたようなこともございました。

あるとき、四人が近くの空き地で野球をやっていて、私の下の子どもが近くの家の窓ガラスを割ってしまったことがありました。そのとき、直弥は一人でその家へ行き、自分が割ったのだと深く詫《わ》び、すぐにガラス屋へ走って行きました。私はあとでそのことを知り、感激しました。直弥はそんなヤツなのです。

そんなわけで二十年余りを家族としてひとつ屋根の下に暮らし、今や私は直弥の父親のつもりでございますし、直弥もまた、そう思ってくれているものと思います。

そうしたわけで、本日はまことにうれしく、感慨無量《かんがいむりょう》でございます。直弥が持ち前の責任感によって聖美さんをよく支え、力いっぱい新しい人生を生きてほしいと願うばかりでございます。聖美さんもまた、とても優しいお嬢さんとお見受けしております。この二人が力を合わせていけば、必ずや幸せな家庭が営まれることでございましょう。

結び

しかし、そうは申しましてもまだまだ未熟な若輩者同士、今後とも皆様の、一層のご厚情、ご指導を賜《たまわ》りますようお願い申しあげます。

最後になりましたが、このよき日を迎えられたのは、すべてご出席の皆様のおかげでございます。重ねて厚く、御礼を申しあげます。

本日は、まことにありがとうございました。

ポイント

はじめに父親代理である立場と、その理由を明確にしておきます。実の親ではないだけに、思いきってほめるのも効果的です。

新郎は会社の将来をたくす逸材

お礼　つかみ

①新郎純平の伯父、牧田道久でございます。

新郎の父、和夫の兄にあたります。僭越《せんえつ》ながら両家の親戚一同になり代わりまして、ひとことお礼を申し述べさせていただきたいと存じます。

②本日ご来賓の皆様には、公私ともにご多忙のところ、わざわざお運びくださいまして、新郎新婦はもとより、両親も、また私ども親戚一同も心から感謝いたしております。

新郎新婦両名は、先ほどチャペルにて、めでたく婚儀をはたしました。この喜びの日を迎えることができましたのは、ひとえに平素からの皆様のご厚情《こうじょう》のおかげと、感謝の念にたえません。衷心《ちゅうしん》より厚く御礼申しあげます。

また、皆様からあたたかいご祝福、お諭《さと》しのおことばを賜り、両人にとりましてなによりのはなむけでございました。まことにありがたく存じます。

自己紹介
①自分が新郎新婦とどのような関係にあるのか、ということをはじめに述べます。

お礼
②新郎新婦の親族は、主催者側の立場になります。列席者に対し、参会のお礼、また祝辞に対する感謝のことばを述べます。

ポイント

新郎の伯父は、親族の筆頭格です。多少厳格なあいさつが望ましいですが、恋愛結婚の場合はあまり格式にとらわれすぎないように。

将来への期待 展開

ところで、純平の父親は現在○○株式会社という、小さな会社を経営いたしておりますが、新郎純平は、K大学を卒業と同時に、ここに入社。三年目の現在は、営業担当として活躍中でございます。

③スポーツで鍛《きた》えた丈夫な体をもち、仕事に対する熱意は父親以上と、伯父の欲目かとは存じますが、会社の将来をたくすにふさわしい逸材《いつざい》であろうと期待しております。

純平は子どもの頃から父親を尊敬しておりました。「お父さんは苦学して、小さいながらも会社を作り、がんばっている。ぼくはそんなお父さんは偉いと思う」と純平は、常々私に申しておりました。子は親の背中を見て育つと申しますが、純平は尊敬する父親の会社に入り、やがて、必ずや父親の意志を受け継いでゆくと信じております。

④さて、新婦の香代さんにおかれましては、純平とは学生時代からのおつき合いということもあって、かねがね落ち着きのある聡明《そうめい》な方とうかがってはおりましたが、今日《きょう》初めて実際にお目にかかってみますと加えて大層

エピソード ③両家を代表してのスピーチでなければ、やみくもに謙遜するよりは、ほめるべきところではほめたほうが自然でしょう。

将来への期待 ④よほど近しい親戚でなければ、相手側とは結婚披露宴当日が初対面ということも少なくないでしょう。その場合も、スピーチの中では相手側に触れることを忘れずに。

美しく、お優しい方とお見受けいたしました。
　さぞや二人はよき夫婦となり、幸せな家庭を作りあげていくことでございましょう。
　願ってもないすばらしいご縁に、私どももまことに喜びにたえません。

祝福と励まし　結び

⑤こうしていよいよ、二人は新しい門出の時を迎えたわけでございますが、純平には、これまで以上に仕事に励み、また家庭においてもしっかりと夫の役割をはたして、常に香代さんの幸せ、そして二人の幸せのために、心をつくしてほしいと願っております。
⑥最後になりましたが、両家の親族を代表いたしまして、ご出席の皆様に、この新夫婦に対するご指導、ご支援を賜りますよう心からお願い申しあげまして、私のごあいさつに代えさせていただきます。
　本日はまことにありがとうございました。

励まし
⑤新たな生活をスタートさせる新郎新婦に対し、幸せを願い、励ましのことばを述べます。型どおりのことばではなく、自分の気持ちを自然に伝えるほうが、真情のこもったスピーチになります。

結び
⑥新郎新婦へのまわりの支援を願い、結びのことばとします。

新郎の叔父

腕白坊主だった新郎

つかみ

皆様、本日はご多忙のところをご参集《さんしゅう》くださいましてありがとうございました。厚く御礼《おんれい》申しあげます。

私は新郎卓也の叔父で、平田明彦と申します。先ほどから卓也に対しまして、ありがたいご祝辞や、激励のおことばを賜り、新しい生活への門出にあたって、当人も心に期するものがあったことと存じます。

また、何かとおほめのことばもちょうだいしていたようでございますが、卓也が幼い頃からよく存じております私どもにとりましては、まだまだ若いばかりの未熟者で、心もとないところがございます。これから先、一家の柱として生きていく過程には、思慮に余るような、手に負えない問題にぶつかることも多々あることだろうと存じます。そうした際には、皆様どうかよろしく、新郎新婦の力になってくださいますようお願い申しあげます。

展開

それにいたしましても、あの利《き》かん坊が、いつの間にやら大人になり、こうして美しい女性を嫁にもらうようになろうとは、まったく今昔《こんじゃく》の感にたえない次第でございます。毎日ケンカやいたずらばかりして、いつも生傷のたえないような腕白《わんぱく》ぶりで、傷だらけになったときは、当時は近所に住んでおりました私の家に、よく走ってまいりました。そして、卓也の言いますのには、ケガをして帰ったところを母親に見られたくなかったのだそうでございます。母親は病弱でございましたので、心配をかけまいという、幼いながらもそれが卓也の男気《おとこぎ》だったのでございましょう。

やがてその母親も亡くなりましたが、卓也は明るさを失うことなく、弟妹の面倒をよく見ておりました。卓也が一生懸命やってくれるおかげで、暗くならずにすんだ、と彼の父親が私に漏らしたこともございました。

卓也は小さい頃から親孝行な子どもでした。先ほども申しましたとおり、母親や父親に心配をかけたくないという優しい子どもでした。昔から親孝行者に悪人はいないといわれていますが、卓也は善人そのものです。そのうえ、仲間を引っ張ってゆく力があり、仲間の相談相手になってやる男気があります。ですから、仲間や誰からも好かれます。それが卓也の人徳だと思い、叔父の私など、卓也を見習

ポイント

列席者にひととおりあいさつを述べてから、新郎の幼い頃のエピソードを語ります。親しみを込めたあたたかい語り口を心がけましょう。

いたいくらいです。

新婦の今日子さんも、卓也のそうした男らしさにひかれたと、先ほどお友だちのスピーチで、聞かせていただきましたが、ほんとうにありがたいことと存じます。

結び

卓也は今日子さんとともに、きっとすばらしい家庭を築くことと思います。しかし、長い人生には、楽しいことばかりでなく、つらいことも起こりましょう。そうしたおりには、どうか皆様、二人にお力添えをくださいますようお願いいたします。

さあ、しっかりと、明るい家庭を作っていってください。期待しています。

新郎の伯母

思うことは必ず口に出して

つかみ

ご紹介にあずかりました、新郎祐介の叔母の森山恵子でございます。

本日は、もうすっかりおよばれ気分で、おひな様のように、可愛らしい二人を眺めながら、のんきにいたしておりましたのに、厳しい司会者の方によって、ついに立たされてしまいました。

ともあれ、親族の一人といたしまして、お礼を述べさせていただきとうございます。皆様、本日はお忙しい中を、新郎新婦のためにお集まりくださいまして、ありがとうございました。さらには、心あたたまるたくさんのご祝辞をちょうだいし、まことにうれしく存じます。

展開

とくに、お友だちの方々がお話しくださいました、二人の素敵なエピソードや励ましのおことばには、私も若き日を回想して、感激もひとしおでございました。まことに若さ、そして若い皆様方の友情は、なににも増して、尊《とうと》いものに感じられます。

このように多くのお友だちや、諸先輩方に祝福され、しかも相思相愛の仲でご

ポイント

親族の中では女性を代表する立場ですが、形式どおりのあいさつよりも、生活に根ざした女性らしいアドバイスが喜ばれます。

一緒になられたのですから、お二人は、これ以上幸せな夫婦はいないと、しっかり自覚してください。そうしてささいなことでは決してケンカなどなさらず、常にお互いを慈《いつく》しみ、尊重し合って、素敵な家庭を築いていただきたいと思います。

このような場で、私どものような老夫婦の話をもち出しますのも、いかがとは存じますが、私と夫は連れ添ってかれこれ三十年余り、ほとんどケンカらしいケンカをしたことがございません。人によっては、夫の人間ができすぎていたとか、単に私が鈍いだけとか、いろいろなご意見もあることはあるのですが、最近になって、私どもが一つの秘訣をつかんでいたことに、思いあたりました。

それは、常に思うことを口にするということでございます。平たくいえば秘密を作らない、また悩みを一人で抱え込まない、ということになりましょうか。とにかく二人で話し合う機会を、できるだけ多くもつことが大切なのです。

結局、夫婦がうまくやっていくためには、それしかないのではないでしょうか。まったく違う生活を送ってきた、別々の人格を持つ人間が、ひとつ屋根の下に住むのです。お互いを理解する気持ちがなくて、どうして暮らしていけるでしょうか。

結び

そのためには、とにかく話すことしかありません。

思いつくままにしゃべらせていただきましたが、きっと祐介さんも有香子さんも、よくわかってらっしゃることなのだと思います。それでも、私のできる精いっぱいのはなむけのことばとして、どうか、受け取ってください。

祐介さん、有香子さん、どうぞ末永く、お幸せに。

新郎の従兄弟

小さい頃から人気者だった新郎

つかみ

陽一君、おめでとう。のぞみさん、おめでとうございます。

私は新郎陽一君の従兄弟にあたります、並木宏と申します。

陽一君は、私よりも二歳年下なのですが、お互い近所に住んでおりましたので、子どもの頃から実の兄弟のように仲良くしてまいりました。陽一君は一人っ子、私のほうは姉と妹で、男の兄弟がなかったせいもあり、野球にしろ、テレビゲームにしろ、いつも一緒に遊びまわっていたことが思い出されます。

展開

私にとって、いつもちょこちょことつきまとってくる、可愛い弟分の存在は、なかなか悪いものではなく、なにかにつけて面倒を見てはいい気分になっていたのですが、そのうち妙なことに気がつきました。

つまり、陽一君の周囲には、いつも女の子が何人かくっついているのです。その中には、なんと私の妹まで入っていたのですが、それにひきかえ私のほうは、やんちゃ坊主の集団の一人にすぎなかったというわけです。妹にそれとなく聞いてみますと、「だって、陽一ちゃんハンサムなんだもん」とひとこと。かくして私は、陽一君のおかげで、幼いながら人生の悲哀《ひあい》をイヤというほど知らされることになりました。

これまで女の子にまったくモテた経験のない私に比べ、陽一君は小学校、中学校と進むにつれ、さらにハンサムが目立ち、しかも性格がおとなしく、成績優秀という絵に描いたような「理想の男の子」の看板を掲《かか》げ、そのモテること、モテること。ほかの学校にも彼のファンがいたと聞いております。もう、このあたりで陽一君と自分を比較するのはやめにいたしましょう。

さて、新婦ののぞみさんですが、これがまた陽一君に負けず劣らずの美しい方で、初めてのぞみさんを婚約者として紹介されたときは、正直心配になってしまいました。なにしろご覧のような美男美女ですから、恋人同士としては文句ないとしても、はたして夫婦になったらどうか。そんなふうに思ったのは私だけではないと思います。

しかし、陽一君は皆様よくご存じとは思いますが、顔に似合わず誠実で、きわめてまじめな男でもあります。のぞみさんもまた話をしてみますと、うわついた

! ポイント

親しい間柄であり、若い従兄弟のスピーチですから、形式にこだわらず、友人のようなあいさつがよいでしょう。自分と比較して新郎をほめるのもよい方法です。

ところのない、しっかりした方のようなのです。これは意外と堅実な夫婦ができあがるのではないかと、今はそんなふうに思っております。

結び

ところで、陽一君。君《きみ》は年上の僕がまだ独身でいることを忘れてはいないだろうね。君《きみ》は僕より先に結婚して、人生の先輩になったわけだから、僕にもまたよい伴侶が見つかるよう、ぜひ力を貸してほしいと思う。わかったね。

お二人が、明るく楽しい家庭生活を送られるように祈っています。

どうかいつまでもお幸せに。

新郎の兄

独立心の強い弟

つかみ

新郎中村優介の兄、晴樹と申します。

優介と昌美さんに、たくさんのご祝福をいただき、ありがとうございます。優介の兄として心からお礼を申しあげます。

展開

さて、新郎の優介でございますが、私とは二つ違いの弟でございまして、まあ、小さい頃からケンカもずいぶんと、それこそ数えきれないほどしてまいりました。また、それだけに、優介のことは私が一番よく知っているつもりでいたのですが、先ほどから、優介のお友だちや、先輩、職場での上司の方々のお話をうかがって、いろいろと私の知らなかった優介の姿を知ることができ、喜んだり、驚いたりしているところです。

私たち兄弟は、父を早く失いましたので、母と三人で力を合わせ、今日《きょう》までまいりました。そうした環境のおかげかと思いますが、優介は小さい頃から独立心が非常に強く、なにか困ったことがあっても、けっして人に頼ろうとせず、必ず自分で方策を考え、問題を解決するといった子どもでした。

ポイント

新郎とは親しい関係ですからフランクに話してかまいません。ただし、親族代表の場合は、亡き父に代わって出席者への感謝のことばも忘れずに。

また、高校卒業後は、ほとんど独力で大学を終え、○○株式会社に就職して今日《こんにち》に至るわけですが、その間、私どもに助けを求めてくることは、一度もございませんでした。

先ほど、会社の上司の方が、優介の責任感をおほめくださいましたが、あるいはそれも、優介の独立精神に起因するのかもしれません。そうであるとしたら、私は兄として、たいへん喜ばしく存じます。

新婦の昌美さんは、とてもおだやかな、優しい心をもった女性です。保育士をなさっているのが、いかにもぴったりで、優介も昌美さんの勤務中の様子を拝見して心が決まったと申しておりました。

優介は、まじめであるだけに、ひどく頑固なところのある男です。それだけに、昌美さんのような優しい方は、優介にとって願ってもない伴侶《はんりょ》でございましょう。

昌美さん。優介はわが弟ながら、非常に頼りがいのある男です。どうか思いっきり頼りにしてやってください。そうすればますます、家庭に生きがいを感じ、がんばってくれるはずです。

結び

優介は昌美さんのために、そして昌美さんは優介のために、幸せな家庭を築くよう、二人で努力を続けてください。

ご出席の皆様、どうか今後とも、若い二人をご支援くださいますよう、よろしくお願い申しあげます。

本日はありがとうございました。

新郎の姉

未熟な弟ではありますが

つかみ

ただ今司会の方からご紹介にあずかりました、新郎近藤智也の姉、小林奈緒美と申します。

今日《きょう》は、皆様、弟と新婦緑さんのために、お忙しい中をご列席くださいまして、まことにありがとうございます。姉の私からも、心からお礼を申しあげます。

展開

さて、本日の弟は、新郎ということであのようにひな壇にすえられて、すましておりますが、これが幼少の頃はたいへんな腕白《わんぱく》で、私までがその影響を受け、いささか人生を誤ったような気さえいたしております。

私どもは二人だけの姉弟でございますが、ご覧のように年齢が離れておりますので、母が亡くなりましてからは、私は姉と申しますよりは、母親の立場として智也に接してきたようなところがございます。

具体的にはどういうことかと申しますと、智也のケンカの後始末、いたずらのお詫び、父親への弁明と、まあこういったところでしょうか。

おかげで私はいつも弟を追いかけて走りまわったり、大声を出したりしておりましたために、女であることをかえりみている暇がございませんでしたので、このように少々、荒々しいおばさんになってしまいました。

あれから十数年経ちました今でも、利《き》かん坊の息子を二人抱え、同じ歴史を繰り返しております。

それでも、私たちが母亡きあとも、こうしてつつがなく日々を過ごし、このようなよき日を迎えることができましたのは、ひとつには本日ご出席の皆様のお力添えのおかげでございます。

重ねてお礼を申しあげたく存じます。

そしてもうひとつ理由があるとすれば、智也自身がくじけることなく、明るく元気に育ってきてくれたからであろうと思われてなりません。

腕白坊主も今ではどうにか一人前の会社員らしくなり、生意気にも会社ではフェミニストを自認しているとか。

残念ながら私の前では、いっこうにそうした素振りを見せる気配がないのですが、ほかならぬ緑さんには、ずっと変わらぬ優しさを見せてくれることと思います。

ポイント

身内ですから、新郎の人間味を出すために多少の悪口はいってもよいでしょう。親しい関係ならではのスピーチにしましょう。

結び

緑さん、そして緑さんのご両親様、ご家族、ご親族の皆様。わがままなうえに、しつけも至らない、未熟な弟ではございますが、どうぞ、よろしくお願いいたします。弟も、緑さんの幸せのために、精いっぱい力をつくす覚悟でございましょう。

ご臨席《りんせき》くださいました皆様にも、新しい門出を迎えました弟夫婦に、なにとぞご助力くださいますよう、重ねてお願い申しあげます。

本日は、まことにありがとうございました。

新婦の伯父

可愛い姪をよろしく

つかみ

私は、新婦の父親の兄でございまして、西田京助と申します。

本日は新郎大辻隆幸さんと、新婦舞の門出にあたり、かくもにぎにぎしいご参集を賜りまして、まことに光栄でございます。身内の一員といたしまして、厚く御礼《おんれい》申しあげます。

隆幸さん、舞ちゃん、今日《きょう》はほんとうにおめでとう。

ご出席の皆様から過分《かぶん》なおことばをちょうだし、二人とも、冷や汗をかいているのではないかと思います。今日《きょう》ばかりは少し点数を甘くして、長所のみを取りあげておほめくださったものかとは存じますけれども、正直申しまして、身内として私もまた、たいへんうれしゅうございました。

私たち夫婦には、男の子が二人あるのでございますが、ついに女の子にはめぐまれませんでした。そのため、弟夫婦に舞ちゃんが生まれたときは、ほんとうにうらやましくてなりませんでした。もしまた次に、舞ちゃんの妹でも生まれていたなら、うちの腕白坊主のどちらかとトレードしてもらうか、などと、本気とも冗談ともつかないことを妻と話し合ったりしたものでした。

! ポイント

ほめるときには徹底的にほめましょう。形式的になりやすい親族のあいさつの中で、新婦に対する伯父の真心が出席者にも伝わるはずです。

しかも舞ちゃんは、見るたびに愛らしく成長し、そのうえほんとうに素直な、心優しい女の子に育っていったのですから、私どもにとっては、まさに垂涎《すいぜん》の的でございました。それでも、優しいだけの女の子ではなく、たいへん芯の強い子でもあったのです。ことばを換えれば頑固者ということでございましょうか。

それはまさしく父親ゆずりなのです。舞ちゃんが子どもの頃、夏休みに朝のジョギングをやろうということになり、いざはじめると、皆は三日坊主でしたが、舞ちゃんだけは最後まできちんと一人で黙々と走り続けました。

そんな舞ちゃんのことですから、たとえ苦境に陥《おちい》るようなことがあったとしても、もちまえの強さと優しさで隆幸さんをよく支え、うまく乗り切っていってくれることだろうと思います。

しかし、そうは申しましてもまだまだ若く、経験も積んではおりません。なにかにつけて、皆様のご指導を仰ぐ場面もあろうかと存じます。どうか、その際は、よろしくお力添えくださいますように、お願いをいたします。

結び

このように申しあげましては、皆様のひんしゅくを買うこととは存じますが、舞ちゃんは私どもにとっても、ほんとうに可愛い可愛い姪でございます。どうか、隆幸さん、舞ちゃんをよろしくお願いいたします。

舞ちゃんも、隆幸さんを大切にして、よい家庭を作ってください。

お二人の幸せを祈っております。おめでとう。

新婦の叔父

おてんば娘がすばらしい花嫁に

つかみ

本日は、ご多忙のところをわざわざお運びいただきまして、新郎新婦の晴れの門出をお祝いくださり、まことにありがたく存じます。心よりお礼申しあげます。

私は、新婦真弓の叔父にあたります、大村信行と申します。

子どもの頃から真弓をよく存じております私は、今こうして花嫁衣装に身を包み、皆様からの祝福のおことばにほほを染め、うつむき加減でいる真弓を見ていると、つくづく、時の流れというものを感じてしまいます。

展開

小さいときの真弓ときたら、それはもうおてんばで、ちゃめっけたっぷりのお嬢ちゃんだったのです。

私が真弓の家を訪れるたびに、私の膝に乗っては飛びまわり、テーブルの上のビールは倒すわ、お皿は割るわ……。そうそう、ケガをした猫に、絆創膏《ばんそうこう》を貼ろうとして、私まで一緒に散々引っ掻《か》かれたこともありました。

それが、高校生、大学生と大きくなるにしたがって、手に負えないやんちゃぶりはすっかり影を潜《ひそ》め、別人のように女らしくなってしまったのですから、女性とは不思議なものですね。今では家を訪ねても、ビールをこぼすどころか、しとやかな手つきでお酌《しゃく》までしてくれるのですから、たいへんな変わりようです。

ことにここ一、二年の真弓は、なんだかまぶしいような美しさと色気が増してきたような気がします。貴之君というすばらしい男性に出会ったことが、真弓をこんなにも磨いたのかと思うと、うれしい反面、なんだか寂しいような気さえしてしまいます。

妙なことを申しあげて恐縮《きょうしゅく》です。

新郎の貴之君は、実は今日《きょう》初めてお目にかかったばかりで、なにしろご本人も真弓と並んですましているしかないわけですから、まだどんな方なのかよくはわからないのですが、中国の名言に「その人を知らざれば、その友を見よ」というのがあります。ご存じでしょうか。貴之君の上司の方やお友だちのスピーチを聞いておりまして、このことばを思い出しました。皆様楽しく、そして豊かな思いやりをおもちの方ばかりで、貴之君が周囲の皆様にめぐまれた人であることがよくわかりました。

よい友だちに囲まれた人物は、おのずからその人柄もわかるものなのです。安心して、真弓を貴之君におまかせいたします。

結び

とは申すものの、これからの二人の人生は、山あり、谷ありだと思います。それを乗り越えてゆくには、二人がお互いに思いやり、励まし合い、手をたずさえてゆくことが肝心《かんじん》です。昔から「百里《ひゃくり》の道も一足《ひとあし》から」ということばがありますが、二人が力を合わせて、すばらしい家庭を築くよう祈っております。

本日はおめでとうございます。

ポイント

幼い頃の新婦をよく知る叔父のスピーチです。新婦の人柄をしのばせる、明るく楽しいスピーチを選びましょう。

新婦の伯母

楽しい会話を続けてお幸せに

つかみ

新郎の伯母、大橋杏子と申します。

本日はお忙しい中、しかもあまりよくないお天気でございますのに、皆様、よくおでましくださいました。このように大勢のご臨席《りんせき》を賜り、さらにはご厚情《こうじょう》あふれる祝賀の数々をちょうだいいたしまして、新郎新婦同様、私までが感激いたしました。心からお礼を申しあげます。

展開

姪のなつみでございますが、このたびは伯母の私といたしましても、まるで実の娘を嫁にやるような気持ちでございまして、落ち着かず、そわそわとしております。私どもに子どもがないためではございますが、なつみは幼い頃から、私たち夫婦に娘同様に、よく慣れ親しんでくれました。

伯母と姪、という立場の気安さもあったのでしょうか。「お母さんには秘密ね」などといって、ずいぶんいろいろなことを話してくれたものでした。そうした関係で、私は健司さんのことも、なつみがおつき合いをはじめた頃から、なつみに幾度となく聞かされ、存じておりましたので、今日《きょう》のこのおめでたい席を、格別

ポイント

新婦をよく知る伯母として、結婚生活の先輩として、夫婦生活に役立つアドバイスをします。

結び

にうれしく感じております。

そして、そうした親しい間柄であるだけに、今日《きょう》は皆様におほめのおことばばかりかけていただいている二人に、少しだけ、厳しい、現実的なことを申しあげようかと思います。

つまり、こうして皆様の祝福を受け、はなばなしく出発をいたしましても、長い結婚生活の間、いつまでもこの夢のような、幸せな気分にひたって暮らしていけるわけではない、ということです。

人生には季節と同じように、春があり、夏があり、秋、冬と乗り越えていかなければなりません。つらいときも来るでしょう。そうしたとき、もっとも頼りになるのが、夫婦の絆《きずな》です。寒い冬に、体を寄せ合い、あたため合えるような夫婦になってほしいと思います。

最後にひとつ、ことばを送ります。「夫婦生活とは長い会話である」。これはニーチェのことばですが、二人がいつも心を開いて、お互いの気持ちを素直に伝え合う。

ことばというものは、夫婦がいつまでも仲良く暮らしていくための、最高の術《すべ》になります。

その点、なつみは会話が大好きなので、私は安心しております。私の家に来たときなどは、お茶を飲みながら、三時間、四時間としゃべるのは平気でございます。その調子で健司さんと話し合ってくれればよいのですから。ただし、一方的な話は禁物で、会話をしてくださいね。

少しばかり説教じみて恐縮《しょうしゅく》ですが、こういう伯母が、親族の中には必ず一人や二人はいるものでございますから、今日《きょう》は自らが買って出ることにした次第でございます。

健司さん、なつみ、お幸せに。どうぞ、楽しい会話を、長く続けていってください。

ご出席の皆様、本日はまことにありがとうございました。

新婦の姉

多くの友人に囲まれて

つかみ

新婦香苗の姉、柴田あゆみでございます。

このように、大勢の皆様がお集まりくださり、明るく、華やかにご祝福いただきまして、香苗はほんとうに幸せ者でございます。皆様ありがとうございました。

きっと毎年、この日がめぐってくるたびに、香苗は本日の皆様のあたたかいおことばを思い出し、志を新たにすることでございましょう。

こうして皆様のおかげをもちまして、誠さんの妻となった香苗でございますが、まだ妻として、主婦としての知識や技術は、なにももち合わせておりません。どうか皆様のご指導を賜りますように、姉の私からもお願い申しあげる次第でございます。

展開

私は香苗のひとつ上の姉でございまして、香苗のひとつ下には弟が一人ございます。三人とも年が比較的近いので、子どもの頃は、ずいぶんとにぎやかな家庭でございました。

ことに私は、一番年上でありながら、恥ずかしいことに、弟としょっちゅうケンカしておりまして、にぎやかさに貢献、と申しますよりは、騒ぎの原因を作っておりました。

そんなとき、香苗はいつも二人の調停役でございました。真ん中であるという意識が働いていたのでございましょうか。中立主義で、ケンカの仲裁《ちゅうさい》にはもってこいの、おだやかな性格の子でありました。

争いを好まず、常に相手の立場を考え、思いやる。香苗はそんな姿勢をつらぬいているようでございます。そうしたことに不思議な能力をもっているらしく、香苗に「まあ、まあ」などといわれ、笑顔のひとつも向けられますと、私もなんとなく、まあいいか、という気持ちになってしまうのです。

そのせいか、香苗はお友だちにも非常にめぐまれまして、わが家ではいつも、一番お客様の多い子でございました。本日も、たくさんのお友だちにおいでいただけて、香苗もさぞかし、うれしいことと存じます。

新郎の誠さんも、またたいへん社交的な方とうかがっております。世の中は、結局、人間関係にはじまって、人間関係に終わるものでございましょう。おつき合いを大切になさる方は、誰からも信頼され、豊かな気持ちで日々を過ごせることと思います。

きっと二人の家庭は、訪れるお客様の多い、にぎやかで明るい家庭になるのではないでしょうか。すばらしいことだと思います。

結び

本日ご出席の皆様もおりに触れて足を運んでくださり、二人の生活の展開ぶりを見てやっていただきたいと存じます。

どうぞよろしくお願いいたします。

誠さん、香苗、ほんとうにおめでとう。どうかいつまでも幸せであってください。

ポイント

兄弟姉妹のスピーチでは、新郎新婦の人柄を紹介するエピソードが無難です。いわゆる処世訓めいた堅い話は避けたほうがいいでしょう。

知っておきたい用語集

P313 厚誼（こうぎ）……情愛のこもった親しいつきあい
P317 好誼（こうぎ）……心のこもったつきあい。よしみ。
P320 逡巡（しゅんじゅん）……決断をためらい、ぐずぐずすること。しりごみすること。
教諭（きょうゆ）……教えさとすこと。
P330 堪能（たんのう）……十分に満足すること。納得すること。技能や学芸などにすぐれていること。
造詣（ぞうけい）……学問、芸術など、その分野について深い知識と理解を持っていること。
P333 寛恕（かんじょ）……心が広くて思いやりのあること。ここでは、物事をとがめだてせずに許すこと。
P356 感無量（かんむりょう）……感慨がはかりしれないほど大きく身にしみること。
P360 逸材（いつざい）……人並み以上に優れた才能や、その才能をもっている人。
衷心（ちゅうしん）……心の底、心の中。
P363 参集（さんしゅう）……大勢の人が集まってくること。
今昔の感（こんじゃくのかん）……今と昔とを思いくらべて、あまりにも違っていることに心を打たれること。
P364 人徳（じんとく）……その人の身に備わっている徳。
P378 過分（かぶん）……地位や立場などにふさわしい程度を越えた扱いを受けること。多くは、謙遜しながら感謝を述べる場合に用いる。
P379 垂涎の的（すいぜんのまと）……多くの人がなんとしてでも手に入れたいと思うほど貴重なもの。
P382 恐縮（きょうしゅく）……おそれいること。相手に迷惑をかけたり、厚意を受けたりして申し訳なく思うこと。

特別編

司会者のスピーチ

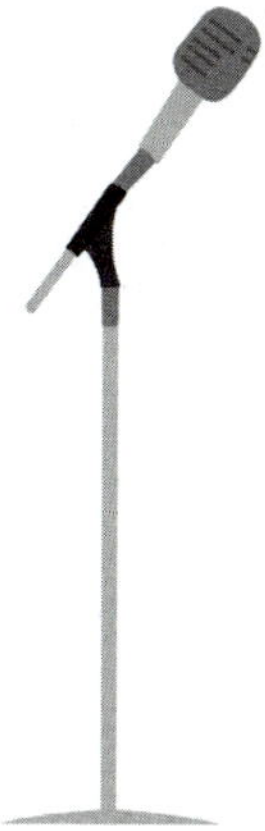

司会者のスピーチとは

結婚披露宴を進めるうえで、もっとも重要な役割を務めるのは司会者です。結婚式場などで披露宴を行う場合は、専門の司会者をたてることが多いようですが、中には新郎新婦の先輩や友人などが司会を務めることもあります。司会者の役割には、ただ単に披露宴の進行というだけでなく、場の雰囲気を盛りあげる重要な責任がかかっているといっても過言ではありません。したがって、司会者になった場合は、その披露宴の要《かなめ》となる役割を引き受けたという自覚をもって臨《のぞ》みたいものです。

司会を務めるにあたっては、会場や出席者数、出席者の顔ぶれ、開宴からおひらきまでの時間の制約などを十分に知っておく必要があります。どのような披露宴にしたいのか、新郎新婦や両家の両親と事前によく話し合っておきましょう。スピーチをお願いする人の名前や、新郎新婦との関係なども前もって確認が必要です。とくに来賓の名前の読み方などを間違えるとたいへん失礼になりますので、注意しましょう。また、「閉宴」を「おひらき」といい換えるなど、忌みことばにはとくに気を配らなくてはいけません。

披露宴の司会は、新郎新婦の門出を祝うために集まった人たちの気持ちをなごませ、祝い合う雰囲気にすることがポイントになります。おめでたい宴会なのですから、ただメモを読みあげるだけでなく、適度にユーモアなどをまじえながら、楽しいムードを作っていくようにしましょう。

披露宴の進行と司会者のスピーチ

結婚式には、神前式、仏前式、教会式などのバリエーションがありますが、どの場合でも、披露宴にはおおよそ決まった流れがあります。基本的な流れを把握し、うまく進行させるようにしましょう。

①新郎新婦入場

本日はご多忙のところをご列席くださいましてありがとうございます。私、このたびの司会をさせていただく、新郎の友人、山本でございます。なにぶんにも不慣れで、お聞き苦しいところもあるかと存じますが、よろしくお願いいたします。

それでは、ただ今新郎新婦が入場いたしますので、どうぞ拍手でお迎えください。

★これとは逆に、会場の入口に新郎新婦、媒酌人夫妻、両家の両親が並び、列席者を出迎えるパターンもあります。

②開宴のあいさつ

たいへんお待たせいたしました。ただ今から、田村、小林両家の結婚披露宴をはじめたいと存じます。本日はご両家の親族の方や親しい方々だけの宴でございますので、どうぞ打ちとけておくつろぎくださいますようお願い申しあげます。

★新郎新婦、媒酌人夫妻が着席したところで、司会者が立ち、開宴のあいさつをします。

③媒酌人のあいさつ

開宴にさきだちまして、このおめでたいご結婚にご媒酌の労をおとりくださいました、高橋雅夫様ご夫妻より、新郎新婦ならびにご両家のご紹介をお願い申しあげます。

★媒酌人夫妻の名前などを間違えないように、メモを用意しておくとよいでしょう。

④主賓祝辞

ありがとうございました。

続きまして、ご来賓の方々からご祝辞をいただきたいと存じます。まず新郎の勤務されております○○株式会社社長の近藤健一様よりおことばをいただきましょう。近藤様、よろしくお願いいたします。

★主賓は、一般的に新郎新婦双方の来賓から一名ずつが選ばれます。名前はもちろん、会社名や役職などもまちがえないように細心の注意を払います。

⑤ウェディングケーキ入刀

ただ今から、新郎新婦が手に手を添えて、ウェディングケーキにナイフを入れます。カメラをおもちの方はどうぞご用意ください。二人がケーキにナイフを入れましたら、どうぞ盛大な拍手をもってお祝いいただきたいと存じます。

★進行にあたっては、状況に合ったユーモアもまじえるとよいでしょう。

⑥乾杯

それでは、○○株式会社の専務取締役、高橋武史様のご発声で乾杯いたしたいと存じます。グラスをおとりになって、皆様ご起立をお願い申しあげます。

★主賓に、祝辞に続いて乾杯の音頭をお願いする場合もありますが、一般的には、祝辞と乾杯は別の人に頼みます。

⑦新婦お色直し

新婦はお色直しのため、しばらく中座をさせていただきますが、どうぞごゆっくりと召しあがりながら、ご歓談をお願いいたします。

★新婦が退場した後は饗宴にうつります。

⑧来賓祝辞

ご歓談中おそれいりますが、ご来賓の方々からご祝辞をちょうだいしたいと存じます。

なお、まことに勝手ではございますが、新郎新婦は着席にて拝聴させていただくことをお許しいただきたいと存じます。まず、新郎の友人の斉藤弘様にお願いいたします。

★司会者はあくまでも進行係、脇役なので、どんな場合も前面に出ないように配慮しましょう。

⑨余興

それでは、このへんでお祝いの余興をご披露していただきます。まずは新婦の同級生の皆様にお願いいいたします。どうぞ拍手をお願いいいたします。

★披露宴には余興がつきものです。それぞれがどのような余興を行うのかをできるだけ把握しておきましょう。

⑩祝電披露

ここにお二人の結婚を喜び、祝電がよせられていますので、ご披露いたします。

★祝電の披露は、新婦がお色直しでテーブルにいないときに行われることもあります。その場合、新婦あての祝電は、お色直しが終わり新婦が着席した頃を見はからって披露します。

⑪両親への花束贈呈

新郎新婦が感謝の思いを込めて、ご両親へ花束を贈呈いたします。皆様、拍手をお願いいいたします。

★ここで、新婦から両親への手紙が読みあげられることもあります。

⑫ 謝辞

両家を代表いたしまして、新郎（新婦）のお父様からお礼のごあいさつがございます。

★謝辞は、両家を代表して新郎（新婦）の父親が述べる場合、新郎新婦が自ら述べる場合、親族代表が述べる場合、などがあります。

⑬ おひらき

以上をもちまして、本日の披露宴はめでたくおひらきにさせていただきます。皆様、まことにありがとうございました。

★司会者は最後まできちんと任務をまっとうしましょう。

すぐに使えてアレンジもできる!

結婚披露宴の基本スピーチ実例集108

編　　者	土屋書店編集部
発 行 者	田仲 豊徳
発 行 所	株式会社 滋慶出版 ／ 土屋書店 〒150-0001 東京都渋谷区神宮前3-42-11 TEL 03 5775-4471　FAX 03-3479-2737 E-mail shop@tuchiyago.co.jp
印刷・製本	日経印刷株式会社

http://tuchiyago.co.jp

この本に関するお問合せは、書名・氏名・連絡先を明記のうえ、上記FAXまたはメールアドレスへお寄せください。なお、電話でのご質問はご遠慮くださいませ。またご質問内容につきましては「本書の正誤に関するお問合せのみ」とさせていただきます。あらかじめご了承ください。